Ursula Günster-Schöning
Erfolgreiche Teamführung im Kinder*Garten*

Kitaleitung!

Das Berufsbild der Krippen- bzw. Kindergartenleitung verändert sich seit einigen Jahren zunehmend – von der reinen Verwaltung hin zum Organisationsmanagement. Dennoch widmet sich die Erzieher_innenausbildung, stellenweise auch der Studiengang „Kindheitspädagogik“, diesem Umbruch noch recht verhalten.
Die Reihe „Kitaleitung!“ möchte Kitaleitungen und Erzieher_innen, die diese Perspektive für sich sehen, dabei helfen, den Spagat zwischen Praxis und Wissenschaft zu schaffen. Für die Reihe schreiben primär Expert_innen, die bereits sowohl praktisch, als auch theoretisch Erfahrungen im Kita(leitungs-)Bereich gesammelt haben und es schaffen, wissenschaftliche Erkenntnisse verständlich formuliert in den Kitaalltag zu tragen. Dies können Monografien, Hand- und Lehrbücher sowie Sammelbände sein.

Ursula Günster-Schöning

Erfolgreiche Teamführung im Kinder*Garten*

Ein Reflexionsbuch für Kitaleitungen

Die Autorin

Ursula Günster-Schöning war 16 Jahre lang als Kitaleitung tätig und arbeitet heute als selbstständige Seminarleiterin, Coach und Beraterin für pädagogische Teams und Führungskräfte.

Dieses Buch ist erhältlich als:
ISBN 978-3-7799-6364-6 Print
ISBN 978-3-7799-5670-9 E-Book (PDF)

1. Auflage 2022

Herstellung: Ulrike Poppel
Satz: Helmut Rohde, Euskirchen
Druck und Bindung: Beltz Grafische Betriebe, Bad Langensalza
Beltz Grafische Betriebe ist ein klimaneutrales Unternehmen (ID 15985-2104-100)
Printed in Germany

Weitere Informationen zu unseren Autor_innen und Titeln finden Sie unter: www.beltz.de

Inhalt

Quelle: Adobe Stock 329126116

Der Aufbau des Buchs

In diesem Buch stelle ich vor, was es heißt, wie ein_e Gärtner_in zu führen. Ich erläuterte Ihnen die gängigsten Führungsstile und auch Gärtnertypen und lade Sie ein, zu überprüfen, welchem Stil Sie am ehesten entsprechen. Auch stelle ich verschiedene Gartentypen vor, denn die Gartengestaltung ist nie ein Zufall. Bezogen auf die Leitung und Gestaltung einer Kita können so Analogien gebildet werden, um Klarheit über den eigenen Stil, die eigene Führungsrolle, über Haltungen und Einstellungen zu gewinnen und ggf. Übereinstimmungen herauszuarbeiten oder Anregungen zu erhalten.

Neben Grundlagenwissen, Anregungen und Ideen gebe ich Ihnen in jedem Kapitel konkrete Reflexionsfragen an die Hand, die mit „Der Gärtner oder die Gärtnerin fragt“ eingeleitet werden. Sie sollen Ihnen dabei helfen, die eigene Arbeit zu reflektieren und zielgenau Aspekte zu identifizieren, an denen Sie sich weiterentwickeln wollen.

Ich beleuchte die Kompetenz der Selbstführung und gehe darauf ein, wie eine Führungskraft ihr Team zum „Aufblühen“ bringen kann, indem sie auf psychologische Sicherheit und Stärkenorientierung achtet. Auch wird aufgezeigt, wie Fehler konstruktiv bearbeitet und wie eine fehlerfreundliche Kita-Kultur verankert werden kann.

Tipps, Ideen und konkrete Methoden für Teambildungsprozesse runden die Auseinandersetzung ab und laden Sie ein, sich kreativ auszuprobieren. In darauffolgenden Kapiteln gehe ich auf die inneren Antreiber ein, die starken Einfluss auf das Führungsverhalten haben und lade Sie zu einem Selbsttest ein, bevor ich dann im letzten Kapitel auf die systemischen Zusammenhänge in Teamprozessen und der gesamten Kita eingehe.

Zehn Hoffnungsgedanken am Ende des Buches sollen Sie auf Ihrem weiteren Weg als Führungskraft begleiten und Sie ermuntern, positiv und zuversichtlich in die Zukunft zu gehen.

Zur Entstehung des Buchs

Seit über zwanzig Jahren begleite ich mit Schwung und Elan pädagogische Fachkräfte und Führungspersönlichkeiten bei ihren individuellen und teilweise auch sehr herausfordernden Qualitäts- und Entwicklungsprozessen innerhalb ihrer Einrichtungen. Was alle eint, ist der Wille es gut zu machen, um für die Kinder und deren Familien das Bestmögliche zu erreichen. Was alle unterscheidet: Jede Kita ist anders und individuell, bedingt durch die unterschiedlichen Rahmenbedingungen, Standorte, Eltern, Träger, Ressourcen und Konzepte sowie auch die Kita-Teams und Führungskräfte, die immer anders und einmalig sind.

Mit Blick auf diese Unterschiedlichkeiten der Führungskräfte und Teams hat es mich motiviert, dieses Buch zu schreiben, denn es sind vor allem die engagierten Menschen, mit denen ich in den letzten 20 Jahren in zahlreichen Weiterbildungen, Seminaren, Workshops, Organisations- und Teamentwicklungsprozessen gemeinsam auf das System Kita, seine wichtige gesellschaftliche Aufgabe und auch seine ureigenen Herausforderungen geschaut habe. Mein Dank gilt all jenen die mir ihr Vertrauen geschenkt haben und die ich auf Ihrem Weg begleiten durfte.

Aus systemischer Sicht bin ich daher davon überzeugt, dass Menschen – bewusst oder unbewusst – ihre Innen- und Außenwelten aktiv selbst gestalten. Daher unterstütze ich Menschen darin, zu erkennen, wie es zu Problemen kommt und welche Herausforderungen sich daraus ergeben. Denn, wer das Neue sucht, ohne das Alte verstanden zu haben, wird sich nicht nachhaltig weiterentwickeln und verändern können. Daher braucht es für die Veränderungen: Selbstwahrnehmung, Erleben, Verstehen und das Entwickeln neuer Handlungsoptionen sowie die proaktive Auseinandersetzung mit der Außenwelt. Einer meiner Schwerpunkte liegt daher, neben der Teamentwicklung, in der Arbeit mit und dem Coaching von Führungskräften und in der systemischen Organisationsentwicklung.

Ich liebe es, mit erwachsenen Menschen zu arbeiten. Meine Leidenschaft gehört jedoch den Kindern. Für sie engagiere ich mich, setze ich mich ein. Denn für sie möchte ich positive Veränderungen bewirken und das geht nur, wenn es mir in meiner Arbeit gelingt, pädagogische Fachkräfte zu motivieren, ihr pädagogisches Handeln weiterzuentwickeln. Das treibt mich an, das macht mich aus.

Zielgruppe des Buchs

Dieses Buch kann von allen Führungskräften im weiten Sinne und im engen pädagogischen Kontext von allen Kita- und Schulleitungen, Fachberaterinnen, Verbundleitungen sowie Kita-Trägern gleichermaßen genutzt werden.

Die Leitung einer Kita oder anderen pädagogischen Organisationen ist eine sehr herausfordernde und verantwortungsvolle Aufgabe. Dieses Buch möchte Sie dabei unterstützen, Ihren eigenen Führungsstil zu entwickeln oder diesen zu reflektieren, zu ergänzen und weiter zu professionalisieren.

Um Leser_innen gleichermaßen anzusprechen, werden unterschiedliche Formen einer geschlechtergerechten Sprache angewendet: Entweder werden alle Geschlechter genannt oder es erfolgt – vor allem bei Aufzählungen – eine durchmischte Nennung (Randomisierung), in der einmal die weibliche, ein anderes Mal die männliche Form gebraucht wird. In den meisten Fällen verwende ich jedoch den gängigen Unterstrich.

Quelle: AdobeStock 322230672

Einleitung

Die Ausgangssituation

> „Der Kinder*Garten* –
> *Substantiv, maskulin, öffentliche Einrichtung (in einem Raum, einem Gebäude) zur Betreuung und zur Förderung der Entwicklung von Kindern im Vorschulalter, 1840 eingeführt von dem deutschen Pädagogen F. Fröbel (1782–1852).“*
> (Duden 2021)

Friedrich Fröbel gründete, beeinflusst vom Konzept einer natürlichen Erziehung bei Jean-Jacques Rousseau und Johann Heinrich Pestalozzi, den ersten Kindergarten und bündelte seine Auffassung von Pädagogik in dem Werk „Die Menschenerziehung“ (1826), welches sowohl spekulativ philosophisch-theologisch als auch auf der Grundlage von Beobachtungen basierte. Für Fröbel war das Ziel der Erziehung die Lebenseinigung, der Einklang der Gegensätze von Natur und Geist, die Harmonie des Menschen mit der Welt, der Natur, den Menschen und Gott. Das Kind sollte die Urgesetze des Lebens, die Gesetzmäßigkeiten der Wirklichkeit im Spiel durch Spielgaben, Bewegungsspiele, den Umgang mit und die Pflege von Pflanzen und Tieren erahnen und erfahren (vgl. Dieter 2021).

Für mich daher verständlich, wie er zum Begriff *Kindergarten* kam.

Martin M. Textor beschreibt den Begriff „Kindergarten“ hingegen so: „Der Kindergarten – ein *Garten*, in dem Kinder ‚gehegt‘ und ‚gepflegt‘ werden, auf das sie wachsen und gedeihen, ihre Blüten entfalten, gar aufblühen. Und so steht das Wort Kindergarten nicht nur für eine achtsame Pflege und wohlwollende Begleitung, sondern auch für Frühpädagogik im besten Sinn. Und „wie schon bei kleinsten Pflänzchen ein Wachstumsdrang zu beobachten ist, so wollen Kleinkinder von sich aus Kompetenzen ausbilden und Kenntnisse erwerben: Sie bilden sich weitgehend selbst bzw. in ko-konstruktiven Interaktionen mit anderen Personen.“ (Textor 2021)

Heute verwenden wir im allgemeinen Sprachgebrauch statt Kindergarten oft das Kurzwort „Kita“, also Kindertagesstätte, selbst wenn wir den Kindergarten meinen. Der Begriff *Kindergarten* scheint ausgedient zu haben. Alle, ob Politik, Wissenschaft, Fachschule, Universität, Eltern oder die pädagogischen Fachkräfte selbst, sagen „Kindertageseinrichtung“ oder „Kindertagesstätte“ und verstehen darunter eine Institution, in der Kinder ebenso wie im Kindergarten gehegt, gepflegt, betreut und erzogen, vor allem aber gebildet werden. Doch leider spiegelt sich das in dem Kurzwort „Kita“ nicht so eindeutig, wie im Begriff *Kindergarten* wider. Dieser ruft eher Assoziationen und Bilder wach, von jungen Pflänzchen und Blumen für die zunächst „der Boden gelockert“ wird, bevor sie eingepflanzt und versorgt werden (vgl. Textor 2021).

Analog diesem Bildmotiv bereitet jeder Kindergarten den „Boden“ vor, bevor die Kinder kommen. Es werden Räume hergerichtet, Eingewöhnungskonzepte erarbeitet und von den pädagogischen Fachkräften Lernanreize sowie Bildungsangebote geschaffen, um die Kinder mit Anleitung und Unterstützung (dem Dünger) im Hier und Jetzt zu begleiten, auf dass sie sich entfalten und entwickeln, wichtige Vorläuferkompetenzen ausbilden sowie individuelle Fertig- und Fähigkeiten entwickeln. Und so wie Pflänzchen im Gewächshaus oder Garten vom Gärtner oder der Gärtnerin beobachtet, gehegt und gepflegt, achtsam begleitet und auch kontrolliert werden, wird auch das Wachstum, das Reifen und Gedeihen der Kinder in der Kita achtsam von pädagogischen Fachkräften begleitet, denn sie entscheiden, wann z. B. gedüngt oder gewässert werden sollte, um ein gutes „Wachstum“ zu fördern.

Doch ist die Metapher auch für pädagogische Fachkräfte passend?

Lässt sich die Garten-Metapher somit auch auf das Team, den Teamentwicklungsprozess, die Führung einer Kita übertragen?

Kann die Leitung oder Führungskraft einer Kita wirklich in die Rolle eines Gärtners, einer Gärtnerin schlüpfen? Gar führen wie ein Gärtner? Denn analog meinen einführenden Gedanken müssten dann die pädagogischen Fachkräfte in die Rolle der Pflanzen schlüpfen.

Die Veränderungen, die Leitungen von Kindertagesstätten mit ihrem pädagogischen Fachpersonal nicht erst seit der Corona-Pandemie zu Beginn der 2020er-Jahre zu stemmen haben, sind die Kombination aus neuen und komplexen Herausforderungen, der digitalen und demografischen Entwicklung, den vielfältigen Veränderungen in der Gesellschaft und Familienmodellen sowie dem gewachsenen Anspruch an Bildung, Betreuung und Erziehung bei gleichzeitig steigender Bürokratie und unzureichender Personaldecke. Die gestiegenen Erwartungen an Zuständigkeiten und Qualität, Digitalisierung und agilem Arbeiten lösen Veränderungsprozesse in Kindertagesstätten sowie Familienzentren aus, sodass diese sich schon lange im Umbruch befinden. Die daraus resultierenden Veränderungsprozesse aktiv zu gestalten, ist für viele Leitungskräfte nicht immer leicht und vielfach extrem herausfordernd. Oft fehlen im pädagogischen Alltag die entsprechende Zeit und der Blick von der Meta-Ebene, um die Qualitäts- und Entwicklungsprozesse effektiv voranzubringen. Zudem sind viele Leitungen sich ihres Führungsstils nicht mehr sicher, spüren schon lange, dass sie etwas verändern müssen – doch wer will schon gern seine Komfortzone verlassen und unnötig weitere Veränderungsprozesse anschieben?

Bundesweit hat die Corona-Pandemie die Arbeitswelt der Kitas extrem durcheinandergewirbelt und nachhaltig verändert. Die zukunftsfähige sowie qualitative Ausgestaltung der Kindertagestätten und die damit verbundene Professionalisierung der pädagogischen Fachkräfte rückte dabei in den Hintergrund und muss jetzt wieder neu in den Fokus gestellt werden.

Neben Themen wie Partizipation, Kinderrechte, Gewaltfreiheit und Nachhaltigkeit ziehen auch Themen wie die Digitalisierung, die Diskriminierungs- und Diversitätssensibilisierung und der Ausbau der qualifizierten ganztägigen U3-Betreuung Aufmerksamkeit auf sich. Was wiederum neue Veränderungs- und Weiterentwicklungsbedarfe mit sich bringt. Und so müssen auch hier Ressourcen neu verteilt, Zuständigkeiten geschaffen und Verantwortung für neue Themenfelder übernommen werden.

Aufgrund immer schnellerer Innovationszyklen und globaler Entwicklungen sind auch Kindertageseinrichtungen und Familienzentren gezwungen, sich permanent zu verändern. Dabei gilt es Strukturen und Prozesse selbstkritisch zu reflektieren und diese dann anzupassen. Damit jedoch alle pädagogischen Fachkräfte auch weiterhin innovativ, kreativ und vor allem zufrieden arbeiten können, brauchen sie auch Freiheiten, Entscheidungsspielräume und eine zukunftsorientierte sowie klare Führung.

Das folgende Buch möchte alle Führungskräfte und Leitungen aus pädagogischen Einrichtungen einladen, sich mit ihrem individuellen Führungsstil bewusst und selbstkritisch auseinanderzusetzen, um sich für die Zukunft neu aufzustellen.

Vielleicht passt der Vergleich mit dem Gärtner, der Gärtnerin ja sehr gut, um zu verstehen, was Teams heute brauchen.

Das Team, mein Garten!

Und diesen Garten gilt es zu hegen und pflegen, auf dass jeder im Team aufblüht und jede einzelne pädagogische Fachkraft ihre „Blütenpracht“, also Ressourcen, Potenziale und Talente entfalten kann. Für einen Gärtner heißt das, den Boden vorzubereiten, aufzulockern, zu wissen, wann gedüngt oder gewässert werden muss, wann welche Pflanze was braucht und vor allem, an welcher Stelle und mit wem sie gut wachsen kann.

Doch ist das auch bei Menschen so? Was macht eine gute Führungskraft, eine gute Gärtnerin aus? Und lässt sich das Gärtnern wirklich auf die Führung einer Kita, eines Teams übertragen?

Ich denke schon und möchte in diesem Buch den Versuch wagen, dies aufzuzeigen.

Vor dem Hintergrund meiner langjährigen Erfahrung als Leiterin verschiedener Kitas und über zwanzigjährigen Erfahrung als Weiterbildnerin, systemischer Organisationsentwicklerin und meiner Arbeit als systemischem Coach kann ich sagen, dass es für die Leitung einer Kita keine genauen Best-Practice-Strategien gibt, sondern immer nur individuelle Lösungen. Führungskräfte sollten daher die eigene Selbstführung bewusst in die Hand nehmen und sich immer wieder fragen, ob der eigene Führungsstil noch zeitgemäß und vor allem für das Team passend ist. Denn die Qualität einer Führungskraft bemisst sich zunehmend danach, ob sie es schafft, in der Zusammenarbeit die Potenziale und Talente ihres Teams ans Licht zu bringen, klare Entscheidungen zu treffen, Aufgaben zu delegieren, ihre Ziele klar und nachvollziehbar zu definieren, ihr Team zu motivieren und eben auch das Team durch eine Krise zu führen.

Denn ob nun New Work, agile Arbeits- und Lernformen, Talentmanagement, systemische Gesprächsführung, Digitalisierung oder partizipatives Führen, all das sind nur einige Schlagworte, mit denen sich Führungspersönlichkeiten heute auseinandersetzen müssen. Die Erfolgsfaktoren sind vielschichtig, die Persönlichkeiten unterschiedlich. Eines eint jedoch alle: Sie müssen sich den jetzigen und zukünftigen Herausforderungen stellen, mehr noch: Sie müssen sie meistern.

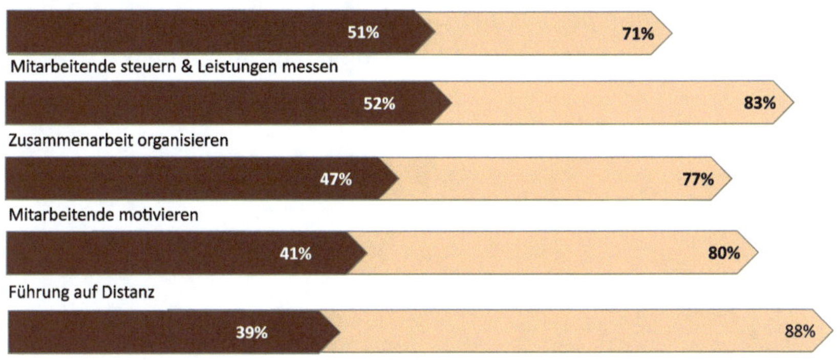

Abb. 1: Führungsherausforderungen.
Quelle: www.managerseminare.de; Studie „Future of Leadership" des Recruting-software-Anbieters softgarden, n=3.561 Bewerberinnen und Bewerber, 2021

Und so geht es beim Führen von Menschen auch um achtsame Pflege und vorausschauende Planung, gesunde Gelassenheit und kreative Gestaltung von Prozessen, „der Gartengestaltung", gepaart mit dem nötigen Wissen um „Gartenbau" und „Pflanzenkunde" sowie passendem Handwerkszeug und hilfreichen Methoden.

Meiner Auffassung nach ist das Gärtnern eine geeignete Metapher für das aktuelle Leadership 4.0 in unserer sogenannten „VUCA-Welt" und kann daher eine ergiebige Inspirationsquelle für alle Führungskräfte, vor allem im pädagogischen Bereich sein, sofern diese auf der Suche nach einem zeitgemäßen Selbstverständnis und bereit sind, alte Denkmuster und Führungsstile infrage zu stellen. Auch mit Blick auf die Diversitätskompetenz, die in der heutigen Gesellschaft und damit auch im Kindergarten und in frühpädagogischen Teams immer bedeutsamer wird, kann es ein Ansporn sein, über sich und seine Führungsrolle nachzudenken.

Doch wie genau erfolgreich führen bzw. gärtnern? Welche Art der Führung braucht es, damit sich Kitas unter den ständig veränderten Bedingungen und aktuellen sowie neuen Herausforderungen von Komplexität, Diversität, Schwankungen, Unsicherheit und Widersprüchlichkeit gut entwickeln können? Wie muss Führung aussehen, damit sie der zunehmenden Vielfalt von Menschen gerecht wird, die in lebendigen Organisationen und komplexen Systemen einer Kita leben, spielen, lernen und arbeiten? Auf all jene Fragen will dieses Buch Antworten geben.

Ich wünsche Ihnen viel Freude mit diesem Buch, viele spannende Erkenntnisse, Spaß am Ausprobieren und Experimentieren, lassen Sie sich inspirieren, auf dass Ihr Führungsstil aufblühen und sich entfalten kann!

Ihre Ursula Günster-Schöning

Kapitel 1: Klarheit über die eigene Person und Rolle

Quelle: AdobeStock 247962334

„Du musst dein Ändern leben!“
Rainer Maria Rilke

1.1 Will ich ein Gärtner bzw. eine Gärtnerin sein?

„Führung braucht Klarheit!“ Ist das wirklich so einfach? Wahrscheinlich nicht. Gleichwohl hat Klarheit etwas mit Entscheidungskompetenz zu tun, mit dem Vorangehen, echt und authentisch zu sein – eben klar, eindeutig, Orientierung gebend. Doch bevor eine Führungskraft anderen Orientierung geben, sie leiten und somit auch anführen kann, muss sie sich selbst über Dinge klar werden (vgl. Kirchner, 2014).

- Warum mache ich etwas und warum nicht?
- Wie will ich leiten, führen, zu Entscheidungen kommen, mich positionieren?
- Wie will ich diese Kita führen?
- Wie soll sich mein Team entwickeln und vor allem wohin?
- Was treibt mich an?

Dies sind nur einige Fragen, die sich Führungskräfte von Kitas heute stellen. Ein Gärtner stellt sich andere. Oder?

Vielleicht sind es doch auch ähnliche Fragen? Er überlegt sich beispielsweise, was er wie wohin pflanzen will. Wie der Garten angelegt und gestaltet werden soll und vor allem, was für einen Garten er besitzen möchte. Die Möglichkeiten sind vielfältig. Es gibt traditionelle Hausgärten, Obstgärten, Senkgärten, Steingärten, Rosengärten, Wildblumengärten, botanische oder Waldgärten und viele mehr. Und so vielfältig, wie die Gärten sind auch die Kitas, die Teams und letztendlich auch die Führungskräfte.

Was für eine Führungskraft wollen Sie sein?
Und vor allem: Wollen Sie wie ein_e Gärtner_in führen?

Bevor Sie sich diese Frage beantworten, schiebe ich ein Zitat ein, welches ich gern an Leiterinnen und Leiter pädagogischer Einrichtungen weitereiche, wenn ich mit ihnen im Führungskräfte-Coaching arbeite:

> „Verantwortung heißt nicht, dass ich dafür zuständig bin, dass es dem anderen gut geht. Dafür muss er selbst sorgen. Ich kann ihn nur begleiten und mit ihm nach einem Weg Ausschau halten, auf dem er weitergehen kann.“ (Anselm Grün 2018)

Dieses Zitat von Anselm Grün passt meiner Auffassung nach sehr gut, um über Verantwortung und Führung nachzudenken. Führungskräfte können ihre Mitarbeiter_innen auf dem gemeinsamen Weg weder anschieben noch dürfen sie sie hinter sich herziehen. Vielmehr sollten sie feinfühlig, responsiv und achtsam neben ihnen hergehen, wohlwissend, dass jede Mitarbeiterin ihr eigenes Tempo aufnimmt und jeder Mitarbeiter diesen Weg auf seine Art und Weise geht. Einige sind sehr flott unterwegs, kommen schnell voran, andere brauchen länger, gehen langsamer, halten hin und wieder an, um sich umzusehen. Wieder andere machen Umwege, suchen nach „Schleichwegen" abseits des Weges, kennen sich scheinbar gut aus und scheuen auch nicht das offene Feld. Wieder andere suchen den geraden Weg von A nach B und können es nur schwer aushalten, wenn sie diesen nicht gleich finden. Und wieder andere lieben es, herumzutrödeln, stehenzubleiben und Teilstücke des Weges noch einmal zu gehen. Einige Mitarbeiter_innen tragen schweres Gepäck mit sich herum, andere scheinen nur mit leichtem Rucksack unterwegs zu sein, einige tragen feste Schnürschuhe, andere laufen barfuß. Von daher ist jede und jeder auf ihre bzw. seine Art und Weise unterwegs. Was alle eint, ist der Wunsch, als pädagogische Fachkraft mit Kindern zu arbeiten, sie zu bilden, zu erziehen und zu betreuen.

Die Vielfalt der unterschiedlichen pädagogischen Berufsabschlüsse weist darauf hin, wie stark sich die Ausbildungen in den letzten Jahren bereits verändert haben und sich die Kita-Landschaft, die Kinder*Gärten* noch weiterhin verändern werden. Der bundesweite Personalmangel wird zudem noch dafür sorgen, dass mehr noch als heute Menschen aus anderen Berufen in die Kitas wechseln, denn schon jetzt gibt es in fast allen Bundesländern unterschiedliche Möglichkeiten zum Quereinstieg, zur dualen Ausbildung oder berufsbegleitenden Vollzeitausbildung. In einer ganz aktuellen Hochrechnung weist zudem Der Spiegel daraufhin, dass uns in den kommenden Jahren ca. 230.000 Erzieher_innen fehlen werden (Spiegel 28.12.2021).

Natürlich zieht es auch Pädagoginnen und Pädagogen mit Hochschulabschluss in die Kitas, ebenso Diplom- oder Bachelor-/Magister-Sozialpädagog_innen, aber das reicht bei Weitem nicht aus, um die Löcher zu stopfen. Auch hat sich das Geschlechterverhältnis zum Glück verändert und wird sich meiner Meinung nach auch noch weiter positiv verändern. Und dennoch ist der überwiegende Anteil an pädagogischen Fachkräften, rund 95%, immer noch weiblich.

Wir stehen gesellschaftlich, und damit verbunden auch im Bereich der frühkindlichen Bildung, vor großen Veränderungen, die sich schon seit rund zehn Jahren anbahnen und immer mehr „Drive" aufnehmen. Ob es die Digitalisierung, Ökologie, Nachhaltigkeit oder der Umweltschutz sind oder die

Auseinandersetzung mit dem Luxus- und Konsumwahn, also der akuten Ressourcenverschwendung, oder dem kulturellen Wandel. Alle Themen betreffen unsere Gesellschaft, gar die ganze Menschheit, denn wir befinden uns kollektiv in einer Krise und somit nehmen diese Themen und Herausforderungen natürlich auch Einfluss auf die Arbeit in der Kita. Einige sprechen von der „großen Transformation“, wie beispielsweise Uwe Schneidewind, Präsident des Wuppertal Instituts für Klima, Umwelt, Energie und Professor für Innovationsmanagement und Nachhaltigkeit an der Bergischen Universität Wuppertal, der in seinem Buch *Die große Transformation: Eine Einführung in die Kunst gesellschaftlichen* Wandels, es wie folgt auf den Punkt bringt:

> „… eines scheint dabei klar: Das 21 Jahrhundert verspricht ein weiteres Jahrhundert des massiven Umbruchs in der Menschheitsgeschichte zu werden. Oft scheint uns die Zukunft dazu zu ‚ereilen‘ – mit technologischen, ökologischen, politischen, gesellschaftlichen und ökonomischen Dynamiken.“ Und eine für mich entscheidende Frage stellt sich, die auch jede Kita beantworten sollte: (…) „Was sind wissenschaftlich basierte ‚Erzählungen‘, die Orientierung geben für die Gestaltung eines menschengerechteren 21. Jahrhunderts?“ (Schneidewind 2018, S. 9)

Angesichts solcher Überlegungen und großen Herausforderungen wie gerade benannt, ist es für Kitaleitungen vielleicht sinnvoll und auch leichter verdaulich, würden sie das große Ganze auf ein überschaubares „Kleines“, ihre Kita, herunterbrechen, indem sie ihre Kita mit einem Garten vergleichen, um den es sich zu kümmern gilt. Alle großen Herausforderungen lassen sich dann auf solch einen Garten, eben die eigene Kita, übertragen.

Inspiriert durch den Beitrag „Den Boss zum Gärtner machen“, von Dr. Matthias Nöllke (2019), Autor und Speaker, möchte ich in diesem Buch dessen Ideen und Ansätze auf die Kita-Welt übertragen.

Sie entscheiden nun selbst, ob Sie Ihren Führungsstil anpassen möchten, um dann künftig wie eine Gärtnerin zu führen. Denn eine Kita zu leiten, bedeutet bewusst Verantwortung zu übernehmen. Vielleicht war das ja schon vor ein paar Jahren Ihre Motivation, sich für die Führungsrolle zu entschieden, oder ist es erst jetzt, da Sie sich heute für die Leitung einer Kita entschieden haben. Ihre persönliche Motivation, sich weiterentwickeln zu wollen, bedeutet auch, den Mut zu haben, sich Neuem zu stellen, Altbewährtes infrage zu stellen und sich immer (wieder) mit der Führungsrolle intensiv auseinanderzusetzen, um sich zu verändern – dem Grundsatz des „lebenslangen Lernens“ folgend.

Führung bewusst in die eigenen Hände zu nehmen, bedeutet klare Entscheidungen zu treffen und Teamprozesse bewusst zu gestalten, Verantwortung für alle Teammitglieder zu übernehmen – Spannungen sowie Konflikte eingeschlossen. Dazu gehört es auch, Arbeitsprozesse entweder vorzugeben oder zusammen mit dem Team gemeinschaftlich zu entwickeln.

Führung als Menschenführung befasst sich vor allem vielfältig mit der Beziehungsarbeit zwischen Führungskraft und den Mitarbeiterinnen und Mitarbeitern. Wie bei jeder Form der Beziehung ist auch hier, im professionellen Rahmen, die Persönlichkeitsstruktur der Beteiligten von entscheidender Bedeutung.

Der Gärtner fragt:

Schauen Sie auf sich. Analysieren Sie Ihre Persönlichkeit.
Was macht Sie als Person und als Führungskraft aus?

Nutzen Sie Ihre Talente, Werte und persönlichen Ziele, um sich über sich selbst und Ihre Eignung als Führungskraft klar zu werden.

Wollen Sie führen? Und wenn ja, wie?
Schreiben Sie Ihre Gedanken hierzu auf.

Icon: © iStockphoto.com/Makkuro_GL

Je zentrierter und somit sicherer Sie sich Ihrer Person, Werte und Talente sind, je besser können Sie diese für Ihre Menschen- und Mitarbeiterführung nutzen. Wer mit sich selbst nicht im Reinen ist, an sich zweifelt oder Unsicherheit ausstrahlt, kann sich auch nicht intensiv und positiv auf die Mitarbeiterinnen und somit Beziehungsarbeit einlassen, wie dies für eine erfolgreiche und nachhaltige Führung notwendig wäre. Baldur Kirchner drückt dies wie folgt aus:

> „Eine ‚zentrierte Persönlichkeit' ist ein Mensch, der in seiner Wesensmitte lebt und aus ihr heraus handelt. Er verbreitet somit Ruhe, Gelassenheit und Überlegenheit in seinem Tun. Alle diese persönlichen Qualitäten sind allerdings notwendig, wenn menschliches Führen gelingen soll." (Kirchner 2014)

Sollte ich dieses Zitat übersetzen, würde ich sagen, die Leitungskraft der Kita sollte in sich ruhend, ausgleichend sein, nicht überheblich oder egozentrisch. Ihr Selbstwert ist ausbalanciert, das heißt, sie weiß, was sie kann und muss daher auch nicht ständig in ihrem Tun bestätigt werden. Sie weiß somit um ihren Wert und macht sich daher auch nicht von der Anerkennung anderer abhängig (vgl. Kirchner 2014).

Die Gärtnerin fragt:

Wie steht es um Ihren Selbstwert?

Würden Sie sich als zentrierte Persönlichkeit beschreiben? Und wenn ja, wie wird das im Alltag sicht- und spürbar?

Fällt es Ihnen leicht, auf Anerkennung von außen zu verzichten? Und wenn nein, was könnten Sie dafür tun, dass Ihnen das leichter fällt?

Die Vielfalt der Kitas und der Menschen, die in einer Kita zusammenleben und -arbeiten, verlangen nach unterschiedlichen Führungskräften mit unterschiedlichen Führungsstilen. Nicht jede Führungskraft ist mit ihrem persönlichen Führungsstil für jede Kita geeignet. Analog einem Gärtner, der auch nicht in jeden Garten passt. Ein Obstgärtner fühlt sich vielleicht in einem Kräutergarten nicht sehr wohl, und kann seine spezifischen Kenntnisse dort auch nicht passgenau einsetzen. Eine Rosengartenspezialistin kann wiederum vielleicht mit einem botanischen Garten und seinen exotischen Pflanzen nicht viel anfangen, während eine auf Mischkulturen spezifizierte Gärtnerin wahrscheinlich in einem Senkgarten überfordert wäre. Welcher Stil und somit welche Führungskraft passt zu welchem Team?

Damit Sie für sich klären können, für welche Kita Sie richtig und wichtig sind, sollten Sie sich über Ihren eigenen Stil klar sein.

1.2 Die Führungskraft und ihr Stil

Führungsstile bezeichnen das Verhalten von Führungskräften gegenüber Mitarbeiter_innen in untergeordneten Positionen. Leitung sein heißt daher, auch zu verinnerlichen, dass die Führungskraft keinen gleichberechtigten Platz im Team einnimmt, sondern Vorgesetzte ist und damit über mehr Einfluss, Entscheidungsbefugnis und somit auch Macht verfügt als andere, ihr untergeordnete Mitarbeiter_innen. Dies gilt es anzuerkennen, mit Leben zu füllen und die damit verbundene Verantwortung anzunehmen. Leider tun sich viele Leitungskräfte im Alltag genau damit oft schwer, da sie gern weiterhin ein Teil des Teams sein und somit zum Team gehören würden. Die individuelle Berufsbiografie und persönliche Einstellung spielen in diesem Kontext immer eine große Rolle. Ebenso, ob und inwieweit die Führungskraft beispielsweise die Einsamkeit aushalten kann, wenn es um wichtige oder schwierige Entscheidungen geht. Ferner muss sie aushalten können, dass vielleicht einige Personen im Team große Probleme damit haben, sich an Anordnungen zu halten oder mit Anweisungen entsprechend umzugehen. Und auch Konflikte führen oft dazu, dass Leitungskräfte „allein dastehen“ und sich das Team oder Teile des Teams solidarisieren und sich gegen die Leitung auflehnen. Führungskraft zu sein bedeutet oft „alone at the top“ dazustehen.

Eine Kita zu führen und zu leiten, ist oft eine Gradwanderung zwischen Nähe und Distanz, und das gegenüber allen Akteuren, angefangen von den Mitarbeiterinnen über Eltern und Kinder bis hin zum technischen und hauswirtschaftlichen Personal und den Vorgesetzten, den Trägervertretern. Dabei dann immer den richtigen Kurs zu halten, gelingt in der Regel durch Empathie, Einfühlungsvermögen, Überzeugungskraft, Verhandlungsgeschick und Anpassungsfähigkeit. Dennoch wird nicht jede Ausgestaltung der Führungsrolle gleichermaßen erfolgreich sein. Wer in einem kollegialen Umfeld, wie es nun mal in der Kita der Fall ist, z. B. zu stark auf autoritäre und hierarchische Stilelemente setzt oder auch zu sehr dem Laissez-faire zugeneigt ist, bringt sich leicht in eine problematische Situation – auch, wenn diese Art zu führen im tiefsten Inneren der eigenen Überzeugung und Wesensart entspricht.

> „Es kann die richtige Führungskraft zur falschen Zeit am falschen Platz sein und damit in der Führungskrise enden. Damit ist auch klar, dass Sie als Führungskraft nicht Ihre volle Wirkung zu jeder Zeit in jeder Organisationsart entfalten können.“ (Breyer-Mayländer 2015, S. 87)

Die Gärtnerin fragt:

Haben Sie als Führungskraft Ihre Rolle klar vor Augen? Wie würden Sie Ihre Rolle definieren? Und wie würden Ihre Mitarbeiter_innen Sie als Führungskraft beschreiben?

Wann haben Sie sich das letzte Mal bewusst dafür entschieden, Erwartungen, die Einzelne an Sie hatten, nicht zu erfüllen?

Wie waren die Reaktionen? Konnten Sie diese aushalten bzw. damit konstruktiv umgehen?

Und warum könnte es manchmal – dosiert angewandt – wichtig sein, dass Sie den Erwartungen nicht immer entsprechen?

1.3 Führungsstil und die Kita-Kultur

Ihr Führungsstil sagt sehr viel über Ihre Kita-Kultur und das Menschenbild in Ihrer Kita aus, denn Sie prägen dieses – durch Ihre Art zu führen – nachhaltig mit. Gerade in Zeiten des Fachkräftemangels sind zufriedene und gut geführte Mitarbeiter_innen entscheidend und ein wichtiger Indikator für ein gelingendes Miteinander, welches sich in einem starken Zugehörigkeitsgefühl zeigt. Hingegen deuten hohe Krankheitsstände und Mitarbeiterfluktuationen oft darauf hin, dass in der Kita etwas nicht stimmt, die Mitarbeiterinnen entweder unzufrieden, überlastet oder schlichtweg mit dem Führungsstil nicht zufrieden sind. In Managermagazinen werden dazu häufig Studien zitiert, die darauf hinweisen, dass gut geführte Mitarbeiter_innen länger im Unternehmen verbleiben, motivierter und zufriedener sind. Sicher gilt das auch für Kitas, doch was heißt eigentlich „gut geführt"? Wer definiert das?

Sicherlich hängt gute Führung zum einen von der Selbstführungskompetenz der jeweiligen Führungskraft ab und zum anderen von ihrem persönlichen Führungsstil.

1.4 Selbstführungskompetenz – die Schlüsselfähigkeit

> „Selbstführungskompetenz zählt zu den neuesten Ansätzen psychologischer Führungsforschung. Man versteht darunter die absichtsvoll initiierte, bewusst kontrollierte und zielgerichtet gesteuerte Aktivierung, Nutzung und Entwicklung psychischer und körperlicher Ressourcen und Potenziale. Selbstführungskompetenz basiert auf psychologischen Strukturen, die eine zuverlässige und wirksame Wis-

sensaneignung, Wissensproduktion, Handlungsaktivierung und Handlungsausführung gewährleisten; sie ist letztendlich der Umfang an strategischem Wissen und Können, sich selbst zu führen." (Schütt 2018, S. 14)

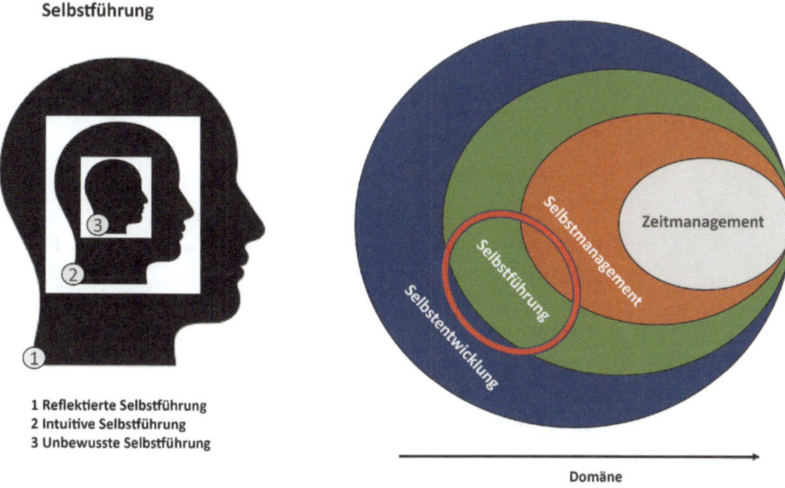

Abbildung 2: Nach Prof. Dr. Günter F. Müller, Uni Koblenz-Landau, Psychologie des Arbeits- und Sozialverhaltens, Layout Ursula Günster-Schöning

Selbstführung ist ein wichtiger Teil unseres Zeitmanagements, unseres Selbstmanagements, der Selbstentwicklung und Selbstreflexion und fängt immer bei uns selbst an. Gemeint ist, regelmäßig zu schauen und zu überprüfen, wo wir stehen, welche Ziele wir verfolgen, welche Prioritäten wir haben und welche schwierigen Gewohnheiten oder blinden Flecken uns selbst immer wieder in ungute Situationen bringen, uns vielleicht sogar auf unserem Weg stolpern lassen und damit den Alltag unnötig erschweren. Selbstführung lädt uns immer wieder dazu ein, den Blick nach innen zu wenden. Und das beginnt beim eigenen Denken!

So geht es beispielsweise bei der gedanklichen Selbstführung darum, herauszufinden, was uns wirklich wichtig ist. Als Führungskraft stehen Sie, wie bereits beschrieben, oft allein da, müssen Entscheidungen treffen, die unbequem oder schmerzvoll für die Mitarbeiter_innen sein können. Solche Entscheidungen ziehen immer Reaktionen nach sich und führen auch häufig zu Auseinandersetzungen. Sich in solchen Situationen dann gedanklich selbst gut führen zu können, ermöglicht eine fokussierte Ausrichtung und lässt die eigenen Gedankenmuster erkennen, die oftmals unbewusst „Spuren" in unserem Denken und auch Handeln hinterlassen haben. Durch die Auseinandersetzung mit dem eigenen Denken, also dem bewussten Wahrnehmen des eigenen Denkens, entsteht nach und nach ein gewisser Abstand, der uns immer öfter in solchen Situationen die Gelegenheit gibt, zu entscheiden, ob wir uns aufregen oder ärgern wollen, also bewusst auf schwierige Gefühle einsteigen möchten, oder nicht. So schaffen wir es nach und nach gelassener mit heiklen oder schwierigeren Situationen umzugehen (vgl. Marcus B. Hausner auf wissensforum.de).

Der Gärtner fragt:

Haben Sie sich schon mit dem Thema Selbstführung auseinandergesetzt?

Wenn nicht, lohnt es sich, dies zu tun. Denken Sie einmal darüber nach, was mit

- emotionaler Selbstführung
- verhaltensbezogene Selbstführung oder
- körperbezogener Selbstführung

gemeint sein könnte. Machen Sie sich gern Notizen dazu.

Marcus B. Hausner hat zu dem Thema einen sehr interessanten Beitrag auf der Seite Wissensforum.de verfasst, den ich Ihnen sehr empfehlen kann, wenn Sie mehr über das Thema wissen wollen.

https://www.vdi-wissensforum.de/news/selbstfuehrung-als-erster-schritt-der-mitarbeiterfuehrung/

Voraussetzung für eine gute Selbstführung ist, sich seiner selbst bewusst zu sein – im Denken, in der Wirkung und im Handeln. Ich kann empfehlen, dass sich jede Führungskraft für diese Selbstreflexion mindestens einmal pro Woche zumindest eine Stunde Zeit nehmen sollte. In dieser Stunde sollten Sie Ihr Handy ausgeschaltet lassen und auch andere Störungsquellen vermeiden. Denn in dieser einen Stunde soll es ganz und gar nur um Sie gehen! Sie sollten sich Zeit nehmen, um sich mit Fragen zu beschäftigen, die wie folgt lauten könnten:

- Was habe ich in dieser Woche (von meinen Mitarbeiter_innen/dem Leben/den Eltern/den Umständen/Herausforderungen) gelernt?
- Lebe ich selbst vor, was ich bei anderen erreichen will?
- Was kann ich bei mir selbst in Zukunft verbessern?
- Habe ich mir in dieser Woche selbst Steine in den Weg gelegt?

An der Beantwortung dieser Fragen ist dann zu erkennen, was Sie künftig verändern können oder welche Fähigkeiten und Stärken es weiterzuentwickeln gilt. In meinen Führungskräftecoachings spreche ich mit vielen Leitungskräften auch über das Thema „Selbstführung“, da es meiner Meinung nach eine Schlüsselkompetenz darstellt. Und so rate ich allen Leitungskräften, eben mindestens eine Stunde Zeit pro Woche für diese Selbstreflexion einzuplanen. Wenn Sie mögen, lade ich Sie ein, dies auch selbst einmal zu versuchen und diese eine Stunde künftig fest in die Wochenplanung mit aufzunehmen. Fragen der Selbstreflexion könnten dann z. B. sein:

- Was habe ich Neues über mich/über meine Mitarbeiter_innen erfahren?
- Lebe ich selbst vor, was ich von anderen erwarte bzw. bei anderen erreichen will?
- Was kann ich bei mir selbst, in meinem Führungsverhalten künftig verbessern?
- Bin ich mir selbst treu, bei Entscheidungen, Konflikten oder in Gesprächen?
- Habe ich mich bewusst einmal anders verhalten, als derjenige es von mir erwartet hätte? Wenn ja, warum? Was war gut daran? Würde ich es genauso wieder tun? Wenn nicht, warum nicht? Was würde ich anders machen?
- Bin ich gut auf dem Weg meiner Zielerreichung?
- Was/wer ist hilfreich und förderlich, was/wer eher hinderlich?

Solche und andere Fragen laden Sie als Führungskraft ein zu erkennen, was es künftig zu verändern gilt oder welche Fähigkeiten und Stärken weiterzuentwickeln wären.

Neben der Selbstführung gebührt auch der Selbstverantwortung eine große Beachtung, da Mitarbeiter_innen von heute selbstbestimmter und flexibler arbeiten und mitentscheiden wollen und auch können. Allerdings erfordert dies von Ihnen als Leitungskraft, dass Sie Ihrem Team Handlungsspielräume und Möglichkeiten zu mehr Autonomie und Partizipation ermöglichen. Und gleichzeitig setzt solch ein Führungsverhalten auch Verantwortungsbewusstsein bei jedem Mitarbeiter voraus und das bedeutet, dass jeder bereit sein muss, Verantwortung für sich und sein Handeln zu übernehmen. Leider kann das auch überfordern und zu Problemen führen, da nicht jeder Mitarbeiter in der Lage ist, Selbstverantwortung zu übernehmen. Gleichwohl sollten Sie daran festhalten und Ihre Mitarbeiter_innen dabei unterstützen, die notwendigen Fähig- und Fertigkeiten entsprechend auszubauen und zu entwickeln. Eine gute Selbstführungskompetenz sollte neben der Leitung auch jede Mitarbeiterin auf lange Sicht entwickeln.

1.5 Stressmanagement, ein wichtiger Erfolgsfaktor

Die Stärkung der eigenen Resilienz und ein bewusster Umgang mit Stress sind zwei wichtige Fähigkeiten, um den Arbeitsalltag als Führungskraft gut zu bewältigen. Dazu gehört z. B. – neben bewussten Pausen – auch eine innere Haltung, die hilft, auch in anstrengenden Phasen Gelassenheit zu bewahren. Wenn Sie es schaffen, Stress nicht als Bedrohung, sondern als Herausforderung zu betrachten, bringen Sie Ihre Selbstführung auf einen guten Kurs. Denn Ihre individuelle Bewertung von Stress hat großen Einfluss darauf, wie Sie Stress empfinden und es Ihnen dann gelingt, den Alltagsstress zu bewältigen. Ihre Gedanken, Überzeugungen und Empfindungen haben dabei großen Einfluss auf das persönliche Empfinden und können im negativen Fall mehr Stress auslösen als die objektiven Merkmale der eigentlichen Situation. Dann wird Ihr Körper entsprechend reagieren. Wenn es Ihnen gelingt, im Alltag zu relativieren und Ihr Denken bewusst zu steuern, beeinflussen Sie auch gleichsam die Wahrnehmung der Situation und verändern dadurch die Bewertung der Situation und das damit verbundene Stresslevel (vgl. Sommer et. al. 2014). Gute reflexive Fragen wären z. B.:

- Was würde meine Freundin in dieser Situation jetzt sagen?
- Welche ähnliche Situation war gegebenenfalls schon schlimmer als diese, und wie habe ich sie bewältigt?
- Welchen Rat würde ich mir jetzt selbst in dieser Situation geben?

1.6 Führungsstile: Wie genau wollen Sie führen?

Es gibt zahlreiche Ratgeber und Fachbücher, in denen die klassischen Führungsstile detailreich beschrieben werden, deshalb sollen hier nur kurz die wichtigsten Merkmale benannt werden. So können Sie schon beim Lesen abgleichen und reflektieren, welcher Stil Ihrem am nächsten kommt bzw. ob Sie sich in einer Beschreibung wiederfinden.

Führungsstile nach Kurt Lewin

Der Psychologe Kurt Lewin gilt als Begründer der modernen Sozialpsychologie. Anhand empirischer Studien entwickelte er eine Gliederung von Führungsstilen, die als „klassische Führungsstile“ bezeichnet werden. Dazu gehören:

Der autoritäre Führungsstil

Er lebt von einer klaren Trennung zwischen Mitarbeiter_innen unterschiedlicher Hierarchiestufen. Auch wird das Top-Down-Prinzip praktiziert, was häufig zu distanzierten Beziehungen führt. Klare Anweisungen und Anordnungen prägen den Stil, ebenso richtet sich die Arbeit an den Zielen der Führungskraft aus, die wenig Wert darauf legt, dass diese Ziele diskutiert oder infrage gestellt werden. Die Möglichkeiten der Mitarbeiter_innen, sich kreativ und eigenständig in Prozesse einzubringen, ist sehr gering. An Entscheidungen werden diese nicht oder nur „alibihaft" beteiligt.

Der kooperative Führungsstil

Im Gegensatz zum autoritären Führungsstil haben Mitarbeiter_innen hier nun die Möglichkeit, an Entscheidungsprozessen mitzuwirken. Zudem wird eigenverantwortliches, selbstständiges Arbeiten geschätzt. Ziele wurden gemeinsam vereinbart und um die Aufgaben, die anstehen, wissen alle Mitarbeiter_innen. Zudem sind auch die Kompetenzen untereinander geklärt, sodass zielgerichtet gearbeitet werden kann. Ideenreiche Arbeit wird mit Selbst- und Sachdisziplin gekoppelt, um zu guten Ergebnissen zu kommen. Eigenverantwortlichkeit prägt diesen Stil, sodass Mitarbeiter_innen und Führungskraft gemeinsam die Zielerreichung kontrollieren.

Der Laissez-Faire Führungsstil

Dieser Stil definiert sich durch das komplette Gegenteil eines autoritären Führungsstils und versteht sich als Gegenpol. Die Bedürfnisse der Mitarbeiter_innen haben hohe Priorität, daher kann man ihn auch als *bedürfnisorientiert* und *wenig einschränkend* bezeichnen. Die Mitarbeiter_innen haben alle Freiheiten, daher werden auch sämtliche Entscheidungen im Team getroffen.

Führungsstile nach Max Weber

Der Soziologe Max Weber beschäftigte sich Anfang des 20. Jahrhunderts mit der Frage, warum sich Menschen beherrschen lassen. Im Kontext seiner Forschung entwickelte er vier idealtypische Führungsstile, die er auch in seinem Buch „Wirtschaft und Gesellschaft" definiert. Das Buch erschien 1922. Die Jahreszahl lässt darauf schließen, dass die von ihm beschrieben Führungsstile heute nicht mehr zeitgemäß sind und zudem selten in Reinform vorkommen. Zu den vom ihm beschriebenen Stilen gehören:

Der autokratische Führungsstil

Dieser Führungsstil steht für eine unanfechtbare Alleinherrschaft mit strenger Hierarchie und Kontrolle der Mitarbeiter_innen. An wichtigen Entscheidungen, die getroffen werden, werden diese nicht beteiligt. Darüber hinaus erwartet die autokratische Führungskraft Untergebenheit, Disziplin und absoluten Gehorsam. Der autokratische Stil ähnelt dem patriarchalischen Stil in vielerlei Hinsicht.

Der patriarchalische Führungsstil

Angelehnt an den Begriff *Patriarch* wird bei diesem Führungsstil die Führungskraft als „Vaterfigur oder Mutterfigur" verstanden und genießt eine klar definierte Alleinherrschaft. Anders als beim autokratischen Führungsstil zeichnet sich die Führungsperson jedoch durch Güte und Wohlwollen gegenüber seinen Untergebenen aus, sofern die Mitarbeiter_innen sich gehorsam und unterwürfig zeigen. Die Identifikation mit dem patriarchalischen Führenden ist sehr stark von dessen Persönlichkeit abhängig.

Der charismatische Führungsstil

Dieser Führungsstil lebt von der Strahlkraft, der Ausstrahlung, dem Charisma, welches die Führungskraft auf ihre Mitarbeiter_innen hat. Charismatische Führungskräfte schaffen es oftmals mit Leichtigkeit, ihre Mitarbeiter_innen zu Höchstleistungen zu motivieren. Zugewandtheit und teilweise auch Verehrung gegenüber der Leitung treiben die Menschen an und führen Projekte so zum Erfolg. Aufgrund ihrer Persönlichkeit, dem Ideenreichtum, des Know-hows und der Integrität werden charismatische Führungskräfte zu Vorbildern und können so von ihren Mitarbeiter_innen häufig sehr viel verlangen, ohne ihnen selbst zu etwas verpflichtet zu sein. Sie schaffen es aufgrund ihrer Visionen und Überzeugungen, Menschen an sich zu binden.

Der bürokratische Führungsstil

Dieser Stil zeichnet sich aus durch die Vorgabe, der Verwaltungsakt stehe im Vordergrund. Alle Handlungsziele richten sich daran aus und unterliegen einem klaren Ablauf. Die Strukturen stehen im Vordergrund und sind nicht an einzelne Mitarbeiter_innen gebunden. Entscheidungen werden aufgrund von Regeln, Gesetzen und Vorschriften getroffen, Individualisten, kreative Köpfe oder neue, noch nicht beschrittene Wege werden ausgeschaltet.

Führungsstile nach Horst-Joachim Rahn

Der Betriebswirt und Hochschullehrer Horst-Joachim Rahn ist Wegbereiter für gruppenorientierte Führungsstile und systemorientierte Personalführung. Er löste sich von den herkömmlichen Theorien zu Führungsstilen, die häufig von der Führungspersönlichkeit aus denken und die Bedürfnisse sowie Persönlichkeiten der Mitarbeiter_innen dabei oftmals gar nicht beachten. Der gruppenbezogene Führungsstil richtet sich an das Team als Einheit sowie an jedes einzelne Mitglied im Team. Rahn geht davon aus, dass jedes Teammitglied ein Individuum ist und daher auch eine individuelle Führung benötigt. Diesem Leitgedanken folgend kann ein einzelner Führungsstil nicht genügen, um unterschiedliche Teams, Abteilungen, Unternehmen oder auch Kitas nach einem einheitlichen Schema zu führen. Vielmehr braucht es unterschiedliche Herangehensweisen und muss die Führungskraft relativ flexibel auf die Bedürfnisse der einzelnen Individuen und das gesamte Team eingehen.

Demzufolge muss jede Mitarbeiterin, jeder Mitarbeiter im Team – je nach Verhalten, Benehmen und Ansehen in der Gruppe – unterschiedlich behandelt werden. Und auch die Dynamik innerhalb eines Teams muss beachtet und berücksichtigt werden. Sein Team auf diese Weise zu führen, ist sehr komplex und verlangt der Führungskraft verschiedene Fähigkeiten ab, wie z. B. Empathie, eine gute Beobachtungsgabe, eine schnelle Auffassungsgabe und Analysefähigkeit. Folgende Führungsstile beschreibt Rahn:

Der integrierende Führungsstil

Bei neuen Teammitgliedern und oder Außenseiter_innen, empfiehlt Rahn ein integrierendes Vorgehen, etwa durch Anbieten von Hilfe und Unterstützungsleistungen sowie durch ein begleitendes Heranführen an die Gruppe. Dies soll zu einer besseren Integration der neuen Teammitglieder führen.

Der anspornende Führungsstil

Nicht alle Mitarbeiter_innen sind in der Lage, die Leistung zu zeigen, die in ihnen steckt. Manchmal können (leistungsschwach), manchmal wollen (arbeitsscheu) sie nicht. Durch klar strukturierte Ziele, die z. B. bei einem gemeinsamen Mitarbeitergespräch festgelegt werden, sollen so die Leistungsreserven aktiviert werden. Darüber hinaus helfen solche Ziele, die Leistung messbar zu machen und die Führungskraft behält den Überblick bzw. den/die Mitarbeiter_in im Auge.

Der fördernde Führungsstil

Dieser Stil setzt bei den leistungsstarken Mitarbeiter_innen an, den sogenannten „Teamstars", da diese beispielsweise durch eine Übertragung von mehr Verantwortung zusätzlich motiviert werden können, da sie ihre Kompetenzen noch besser einbringen und sich zudem weiter engagiert einsetzen.

Der bremsende Führungsstil

Dieser Führungsstil ermöglicht, mit denen im Team angemessen umzugehen, die die Atmosphäre in der Gruppe negativ beeinflussen. Die Rede ist von Unruhestifterinnen, „aggressivem Wildwuchs", Einzelkämpfern, Quertreiberinnen, Intriganten, Aufrührerinnen oder anders ausgedrückt: All jenen, die dem Team und dem großen Ganzen bewusst oder unbewusst schaden. Für solche schwierigeren Fälle sieht Rahn einen bremsenden Führungsstil und den Einsatz von besonnener Autorität und „Strenge" vor.

Der ermutigende Führungsstil

In fast allen Einrichtungen oder Organisationen arbeiten Mitarbeiter_innen mit privaten Problemen, ob gesundheitlicher, psychischer oder physischer Art. Auch besonders introvertierte, schüchterne oder sozialunsichere Menschen sowie problembeladene Teammitglieder brauchen Aufmerksamkeit und können durch eine verständnisvolle Führungskraft, die ihnen mit Ermutigung, Verständnis und echter Anteilnahme sowie emphatischer Begleitung und Menschlichkeit begegnet, wieder motiviert werden. Jede/r durchlebt mal schwierige Zeiten.

Der wertschätzende Führungsstil

Dieser Stil beachtet all jene, die durch ihre Präsenz und Persönlichkeit zur Harmonie im Team beitragen. Meist sind diese Mitarbeiter_innen auch verstärkt um das Wohlergehen der Kolleg_innen bemüht. Menschen, die einen positiven und ausgleichenden Einfluss auf das Team haben, werden oft übersehen. Wichtig wäre, dass eine wertschätzende Führungskraft diese Personen sieht und ihnen mit Anerkennung für ihre Gruppenbeiträge entgegentritt.

Führungsstil nach Robert R. Blake und Jane Mouton

In den letzten Jahrzehnten fanden viele Führungsstile aus dem US-amerikanischen Raum auch den Weg zu uns nach Deutschland. Sie wurden ausprobiert, adaptiert, kopiert und erhielten immer mehr Anerkennung. Ein Beispiel dafür ist der richtungsorientierte oder verhaltensorientierte Führungsstil des Psychologen Robert R. Blake und der Wirtschaftswissenschaftlerin Jane Mouton. In ihrem Buch „The Managerial Grid" („Verhaltensgitter", 1964), beschreiben sie ein Instrument, mit dem Führungskräfte den eigenen und den im Unternehmen vorherrschenden Führungsstil kritisch beleuchten können. Das verhaltenstheoretische Führungskonzept umfasst zwei Dimensionen, die Sach- und die Beziehungsorientierung.

Das Verhaltensgitter ist ein wissenschaftliches Modell, das aufzeigt, inwiefern Mitarbeiter_innen und Sachaufgabenorientierung im Management kombinierbar sind. Die Autor_innen unterscheiden fünf Verhaltensstile (vgl. Abbildung 3). Der verhaltensorientierte Ansatz wird häufig als Grundlage für Trainingsprogramme verwendet, die der Selbstreflexion der Führungskraft helfen sollen, indem diese einen Fragebogen („Das Selbstbild") ausfüllt und dieses dann am Fremdbild ihrer Mitarbeiter_innen gespiegelt wird. Das Verhaltensgitter basiert auf der Annahme, dass es zwei Orientierungen im Führungsverhalten gibt: Eine Sachorientierung und eine Menschenorientierung. Letztere ist gerade mit Blick auf die zwischenmenschlichen Beziehungen von Bedeutung.[1]

Neben all den dargestellten Führungsstilen gibt es noch unzählige andere Möglichkeiten der Führung. Viele Trends tauchten in den letzten Jahren auf, einige verblassten schnell, andere hielten sich. Exemplarisch möchte ich hier einige aufzählen, jedoch ohne Anspruch auf Vollständigkeit. Führungskräfte können:

- agil führen
- achtsam führen
- vorurteilsbewusst führen
- diskriminierungssensibel führen
- systemisch führen
- zielorientiert führen
- kollegial führen
- mitarbeiterorientiert führen
- gendersensibel führen
- …

1 Die Liste der Führungsstile wurde unter Zuhilfenahme der folgenden Quellen erstellt: https://prescreen.io/de/glossar/fuehrungsstile/, https://wirtschaftslexikon.gabler.de/definition/managerial-grid-37572 und angelehnt an Müller-Schöll A./Priepe, M. (1992): Sozialmanagement. 3. Auflage, Neuwied: Luchterhand, Seite 138–141.

Vielleicht schmunzeln Sie jetzt oder sind irritiert, gar verwirrt oder perplex, wie viele unterschiedliche Führungsstile und -möglichkeiten es gibt, nachdem Sie mir durch die verschiedenen Führungsstile auf den vorangegangenen Seiten gefolgt sind.

Mir geht es manchmal ähnlich. Wenn ich mit Leitungskräften im Coaching arbeite und sie nach ihrem Führungsstil frage und sie bitte, diesen kurz in zwei, drei Sätzen zu beschreiben, ihrem Stil gar eine Überschrift zu geben, tun sich die meisten sehr schwer.

Hingegen können mir fast alle sehr genau beschreiben, was ihnen wichtig ist, wie sie führen, welche Werte sie an- und umtreiben, sie also bestimmte Dinge tun oder sich in bestimmten Situationen verhalten und wofür sie stehen. Wer sich eher damit schwertut, kann mir dann auf Nachfrage hin zumindest erläutern, wie er gerne führen würde. Und das lässt sich in der Regel keinem Führungsstil eindeutig zuordnen. Vielmehr ist es wie so oft eine bunte, gesunde und auch gute Mischung aus vielen unterschiedlichen Stilen, die die jeweilige Führungskraft zu dem macht, was sie ist und die sie für sich entwickelt hat.

Und genau das ist meiner Meinung nach auch richtig und wichtig! Jede Führungskraft sollte ihren eigenen Führungsstil entwickeln. Sie kann sich dabei an anderen Stilen oder Führungspersönlichkeiten orientieren, sollte sich jedoch nichts überstülpen lassen oder gar einem Stil „sklavisch" verfallen. Zudem sollte der Stil die Führungskraft niemals verbiegen oder einengen wie in einem Korsett, das zwar die Trägerin schützt und stützt, ihr jedoch auch die Beweglichkeit nimmt und schlimmstenfalls die Luft abschnürt, sofern es zu fest geschnürt wurde.

Wie also Mitarbeiter_innen in einer Kita, einem Team bestmöglich führen?

Das hängt auch wie so oft von vielen Faktoren ab.

Einerseits ist die Persönlichkeit der Führungskraft ein wichtiger und entscheidender Aspekt, wie auch die berufliche Biografie. Andererseits ist auch jedes Team – mehr noch – jede_r einzelne Mitarbeiter_in individuell und muss daher ebenfalls individuell betrachtet werden. Nicht jeder Mensch tickt auf die gleiche Art und Weise. Daher ist es richtig und genauso wichtig, sich zuerst einmal über sich selbst im Klaren zu sein und dann über den eigenen Führungsstil nachzudenken. Bin ich eine zentrierte Persönlichkeit? Und wenn ja, wie will ich führen? Darüber hinaus hat es sich bewährt, nicht nach dem Gießkannen-Prinzip („Für alle das Gleiche!") zu führen, sondern nach dem Individual-Prinzip: „Jedem das Seine". Das bedeutet Teams und Mitarbeiter_innen individuell, abhängig von Persönlichkeit, Erfahrung und Leistung zu führen. Und dafür braucht jede Führungspersönlichkeit, neben einer guten Menschenkenntnis und Fingerspitzengefühl, vor allem auch die Bereitschaft, sich auf jeden erst einmal so einzulassen, dass sich jede zeigen kann, wie sie ist.

Die Identifikation und auch Zufriedenheit von Mitarbeitenden einer Kita steht und fällt oftmals mit der Führungskraft. Von daher möchte ich Sie nun einladen, über eine weitere Führungsmöglichkeit nachzudenken: Denn vielleicht wollen Sie künftig führen wie ein_e Gärtner_in.

Kapitel 2: Die Führungskraft als Gärtner_in

Quelle: AdobeStock 206735454

„Jeder ist ein Genie. Aber wenn du einen Fisch danach beurteilst, ob er auf einen Baum klettern kann, wird er ein Leben lang denken, er sei dumm."
Albert Einstein

2.1 Führung neu denken

> *„Aufgabe von Führung ist es nicht länger, genormtes menschliches Arbeitsmaterial gewinnbringend einzusetzen, sondern wie ein Gärtner ein Ökosystem zu schaffen und zu erhalten, in dem die Menschen ihr individuelles Potential entfalten und im Sinne des Zwecks der Organisation einsetzen können."* (Raitner 2020)

Der Garten ist ein lebendiges Ökosystem und damit das Gegenteil von einem Automaten, einer gut funktionierenden Maschine oder einem eintönigen Alltag mit stupiden Abläufen. Ein Garten ist anders – bunt, facettenreich und herausfordernd. Denn jeder Garten ist Natur, lebendig, vielfältig und ursprünglich, allerdings fast immer von Menschen gestaltet und daher keine natürliche Wildnis. Dennoch steht der Garten für Vielfalt und Lebendigkeit, analog einem Kita-Team, das sich auch aus vielfältigen und teilweise sehr unterschiedlichen „Gewächsen" zusammensetzt. Für die Gestaltung und Pflege des Gartens ist die/der Gärtner_in zuständig, für die Zusammenarbeit und Pflege des Teams die Kitaleitung.

Gärtner und Gärtnerinnen verkörpern sehr eindrücklich das, was wir uns auch von Führungskräften in Kitas wünschen: Gelassenheit, Unaufgeregtheit, Fachlichkeit, Beharrlichkeit, Wohlwollen, Tatkraft und Zugewandtheit.

Gärtner besitzen sie, die gesunde Gelassenheit, mit der sie Dinge tun, wohlwissend, dass ihre Pflanzen Zeit zum Wachsen benötigen. Jede Pflanze will gesehen werden, braucht ihren Platz und individuelle Pflege. Die Freude daran, andere wachsen zu sehen – und sie nicht kleinzuhalten – macht wahre Gärtnergröße aus. Auch die Fähigkeit, mit der lebendigen Vielfalt zurechtzukommen, wohlwissend, dass nicht jede Blume so wächst, wie sie sollte. Gärtner_innen lassen sich darauf ein. Sie achten darauf, wer was braucht, nutzen die einen, fördern die anderen, weil dies dem großen Ganzen, dem Garten, zugutekommt. „Gärtner sind sich im Klaren darüber, dass die Wachstumskräfte, die sie bei jedem Gewächs fördern, nicht in ihnen selbst stecken, sondern im Boden und in den Pflanzen" (Nöllke 2019). Ihre Leistung als Gärtner_in besteht darin, anderen buchstäblich den Boden zu bereiten und dann zu jäten, zu wässern, zu düngen, zu pflegen. Gärtner_innen beachten dabei den besonderen Charakter jeder Pflanze. Sie wissen: Es gibt Sonnenanbeterinnen und Halbschattengewächse, Langzeitblüher und Staudengewächse, exotische Einzelgewächse und Wald- und Wiesenkräuter. Übertragen auf die Mitarbeiter_innen könnte das bedeuten: Die eine sucht und braucht Aufmerksamkeit, eine andere will Anerkennung, wieder eine andere hat keine

Bedenken, die neue Kollegin zu „überwuchern“. Eine andere mag es nicht, im Mittelpunkt zu stehen und die Kolleginnen zu überragen, eine andere braucht viel Wärme in Form von Wertschätzung und Anerkennung, während eine andere viel Freifläche um sich herum benötigt, um sich entfalten zu können. Einige Mitarbeiter_innen fühlen sich wohler, wenn sie sich an anderen orientieren können, wieder andere gehen gern voran und wieder andere brauchen eine Rankhilfe oder einen Rankstab, also eine Stützhilfe, für den nötigen Halt, um gut wachsen zu können. Und wieder andere brauchen Bewunderung oder müssen abgeschirmt werden. Einige blühen nur einen Sommer lang, vergehen und verlassen den Garten, andere sind standhaft und überdauern lange Zeit, stehen fest und geben zudem anderen kleineren und jüngeren Pflanzen um sich herum Halt. Letztlich profitiert der Garten vom Zusammenwirken der unterschiedlichen Pflanzen – der spektakulären Exoten ebenso wie den zuverlässigen Bodendeckern und Stauden (vgl. Nöllke). Ein gutes Beispiel dafür ist die Rutenhirse.

2.2 Panicum-Vigatum: Gut, wer diese Pflanze in seinem Team weiß

Fragt man erfahrene Staudengärtner oder Gartengestalter, auf welche Pflanzen sie in ihrem Garten auf keinen Fall verzichten wollen, steht die Rutenhirse (Panicum-Vigatum) ganz oben auf ihrer Liste. Dabei ist die Rutenhirse nicht besonders schön, schmückt jedoch durch ihre unkomplizierte Art und gelbe Leuchtkraft viele Gärten. Durch ihre aufrechte, manchmal straffe Art eignet sie sich, um im Garten für Struktur zu sorgen und setzt Akzente. Einziger Nachteil, wenn man es überhaupt so nennen will: Die Rutenhirse bevorzugt als Präriegras wie viele Mitstreiter auch, einen Platz in voller Sonne. Sie will gesehen werden und braucht Wärme. Dabei „kommen sie auf jedem Boden zurecht, sind generell ausgesprochen standfest, und das über lange Zeit. Bei mir stehen einige Exemplare dieser Sorte schon seit 20 Jahren auf der Fläche und sind bis jetzt noch nicht auseinandergefallen“, so Friedrich Camehl, Staudengärtner und Gartengestalter (Camehl 2021).

Wäre Herr Camehl ein Kitaleiter, könnte er das wahrscheinlich auch über einige seiner langjährigen Mitarbeiter_innen sagen. Denn wer kennt sie nicht, diese robusten Mitarbeiter_innen, die jedem Wind und Wetter trotzen, fest verwurzelt und somit standfest im Kitaboden verankert sind. Führungskräfte können sich glücklich schätzen, wenn sich einige von diesen „Gewächsen“ in ihrem Teamgarten angesiedelt haben. Sie sind sehr belastbar, knicken auch bei starkem Gegenwind nicht ein und schützen so oft das ganze Team durch ihre Ruhe und Gelassenheit. Meist sind es sehr erfahrene Kolleg_innen, die der Rutenhirse ähnlich sind, und inmitten des Teams für Halt und Verlässlichkeit sorgen. Manchmal sind es jedoch auch junge „Stauden".

Ähnlich wie die Rutenhirse auch sind jene Mitarbeiter_innen nicht nur robust, sondern nahezu pflegeleicht und vielseitig. Aufgrund dieser Eigenschaften werden sie jedoch oft sehr stiefmütterlich behandelt, da sie scheinbar „wie von selbst" wachsen und gedeihen. Dem ist jedoch nicht so! Ältere und erfahrene Mitarbeiter_innen brauchen die gleiche Pflege und Fürsorge wie die jungen, noch unerfahrenen Kolleg_innen, jene zarten Pflanzen, die erst Wurzeln schlagen und sich entwickeln müssen. Beide Sorten brauchen Beachtung und Dünger durch den Gärtner, in Form von Wertschätzung, Lob, Ermutigung und Unterstützung.

Die Rutenhirse braucht einen nährstoffreichen Boden – je nährstoffreicher, desto prachtvoller ihr Farbenspiel. Zudem düngt die Gärtnerin sie am besten mit Kompost oder Flüssigdünger (vgl. Lietzau 2021). Der beste „Dünger", um Menschen zum Wachsen zu bringen, auf dass sie sich prachtvoll entfalten, ist die psychologische Sicherheit.

2.3 Psychologische Sicherheit: guter „Dünger" für Menschen

Als psychologische Sicherheit gilt nach William Kahn, Professor für Management und Organisationsentwicklung (Boston University) ein Umfeld, in dem Menschen in der Lage sind, sich selbst zu zeigen und einzubringen, ohne Angst vor negativen Folgen für ihr Selbstbild (Sicherheit), ihren Status oder ihre Karriere haben zu müssen. Immer dann, wenn Teams langfristig gut zusammenarbeiten wollen und es darum geht, nachhaltig gute Leistungen zu erbringen, ist psychologische Sicherheit eine Grundvoraussetzung. Das gilt ebenso, wenn es um die geistige Gesundheit der Mitarbeiterinnen geht (vgl. Kahn 1990).

Abbildung 3: Psychologische Sicherheit (Ursula Günster-Schöning nach Niko Single)

Fehlt die psychologische Sicherheit im Team(-garten), kann das dazu führen, dass

- gemachte Fehler aus Angst vor Konsequenzen verschwiegen werden.
- eingefahrene, veraltete Verhaltensmuster die Organisation, also Kita, sowie auch das Team träge werden lässt.
- Ideen zurückgehalten werden, aus Angst davor, kritisiert zu werden.
- Mitarbeiter_innen „Dienst nach Vorschrift" machen, um nicht negativ aufzufallen.
- Mitarbeiter_innen frustriert und eingeschüchtert bei der Arbeit sind und sich der Frust auf die Kinder (und Eltern) sowie das eigene Privatleben überträgt.

Alle Auswirkungen zusammen führen oft dazu, dass die Performance von Organisationen, also auch Kita-Teams und Mitarbeiter_innen sich drastisch reduziert. Ein Umfeld mit hoher psychologischer Sicherheit hingegen erhöht die Wahrscheinlichkeit, dass:

- offen über Fehler gesprochen wird, um als Organisation, als Kita-Team, daraus zu lernen und zu wachsen.
- eingefahrene Denk- und Verhaltensmuster hinterfragt und durch neues zweckdienlicheres Verhalten ersetzt wird.
- Menschen sich mit ihren Potenzialen und mit all ihren Ideen einbringen.
- Innovationen durch das Einbringen von „unkonventionellen" Ideen und Vorgehensweisen gefördert werden.

- Mitarbeiter mit Freude bei der Arbeit sind.
  (vgl. Kahn 1990)

Als verantwortungsvoller und fürsorgende_r Gärtner_in ist es die Aufgabe einer jeden Führungskraft, für psychologische Sicherheit im Team, in seinem Garten, zu sorgen und diese sicherzustellen. Zudem sollte jedes Teammitglied daran proaktiv mitwirken.

Der Gärtner fragt:

Wie steht es um die psychologische Sicherheit in Ihrem Team? Haben Sie sich darüber schon Gedanken gemacht?

- Woran spüren Ihre Mitarbeiter_innen, dass sie als Menschen in Ihrer Kita respektiert und geschätzt werden?
- Wie stellen Sie sicher, dass jeder seine Meinung frei äußern kann? Wie gehen Sie mit Fehlern in Ihrem Team um?
- Werden sie destruktiv oder konstruktiv angegangen und bearbeitet? Mehr dazu finden Sie auch auf Seite 66/67.

Wenn Sie es als Führungskraft schaffen, psychologische Sicherheit in Ihrer Kita zu etablieren, wird Ihr Team aufblühen!

Verantwortliche Kitaleitungen tun also gut daran, für die drei wesentlichen Aspekte der psychologischen Sicherheit im Alltag zu sorgen. Gärtner_innen sorgen sich auch im Alltag um ihre Pflanzen, wissen, was ihnen guttut und was sie verkümmern lässt. Daher beobachten sie ihre Pflanzen, Hecken, Sträucher, Bäume ganz genau, achten auf kleinste Hinweise und müssen diese auch deuten, um dann gezielt eingreifen zu können (vgl. Nöllke).

Und so tun auch Kitaleitungen gut daran, ihr Team zu beobachten und jedes Mitglied bewusst wahrzunehmen. Denn jedes Team setzt sich eben aus unterschiedlichsten Pflanzen zusammen. So gibt es mutige Gestalterinnen, kreative Köpfe und Freigeister sowie auch fleißige Routinearbeiter und belastbare, zuverlässige unauffällige Mitarbeiterinnen (vgl. Nöllke). Denn letztlich profitiert die Kita, wie auch ein Garten vom Zusammenleben und Wirken der unterschiedlichen Pflanzen. Neben der robusten Rutenhirse gibt es beispielsweise auch besonders empfindliche Gewächse, die im Garten sowie auch im Team keine Chance hätten zu gedeihen, würde die Gärtnerin sie nicht besonders im Auge behalten. Damit meine ich z. B. Mitarbeiter_innen mit Migrationshintergrund, Mitarbeiter_innen mit besonderem Freiheitsdrang oder besonderer Sensibilität. Dass es sich lohnt, auf die unterschiedlichen Bedürfnisse einzugehen und Diversität zu beachten – mehr noch: auch zu fördern –, weiß jede_r gute Gärtner_in bzw. jede gute Führungskraft, denn Vielfalt bereichert und macht jeden Garten zu einem Unikat. Zudem wird ein vielfältig zusammengesetztes Team angesichts einer zunehmend vielfältigen Elternschaft durch passgenauere Angebote und Dienstleistungen eine höhere Zufriedenheit und Akzeptanz erreichen können. Und vor allem können unterschiedliche pädagogische Fachkräfte Kindern so frühzeitig vorleben, wie im Alltag diversitätssensibel miteinander gelebt werden kann.

2.4 Diversität und der Senkgarten

Ein gutes Beispiel dafür, warum Diversität im Team wichtig ist und beachtet werden sollte, erläutert Dr. Matthias Nöllke am Beispiel eines sehr speziellen Gartentyps, dem Senkgarten:

> „Beim Senkgarten handelt es sich um eine große Mulde, die nicht allzu steil zur Mitte hinabfällt. Mit terrassenförmig angelegten Beeten, auf unterschiedlichen Höhen. Jedes Höhenniveau hat sein eigenes Mikroklima. Auf engstem Raum wachsen sehr unterschiedliche Pflanzen, darunter auch besonders empfindliche Gewächse, die in unserem Klima sonst keine Chance hätten, zu gedeihen. Auf das Management übertragen, heißt das keineswegs Kuschelkurs und Komfortzone. Mitarbeiter wollen gefordert werden. Jedoch brauchen zwei Arten besonderen Schutz: die kreativen Individualisten und die Gutmütigen. Wenn das Arbeitsklima frostig ist, haben diese beide Charaktere besonders zu leiden. Kreativität gedeiht nun mal am besten auf einer ‚Spielwiese'. Daher brauchen kreative Mitarbeiter ein hohes Maß an Freiheit und Selbstständigkeit. Zugleich brauchen sie einen festen, verlässlichen Rahmen. Aber auch die Sanften, Hilfsbereiten und Gutmütigen müssen geschützt werden. Diese freundlichen Gewächse sorgen für ein gutes Arbeitsklima. Sie sind nicht neidisch, sondern freuen sich an den Erfolgen der anderen. Das wiederum stärkt deren Leistungsfähigkeit." (Nöllke 2019)

Somit brauchen Gärtner_innen gute Pflanzenkenntnis und Führungskräfte gute Menschenkenntnis sowie den Mut, sich auf unterschiedliche Gewächse einzustellen. Denn die Vielfalt macht den Garten bunt und attraktiv. Eine Führungskraft sollte sich für ihre Mitarbeiter_innen interessieren, echt und zugewandt, so wie sich auch ein Gärtner für seine Pflanzen – ob nun exotisches Gewächs oder einfaches Heidekraut – interessiert. Er muss genau wissen, welche Pflanze was braucht, um gut reifen zu können, wie etwa die Königskerze, die schnell ihre Begleiter – wie z. B. den wuseligen Wiesenknopf – überragt. Beide zusammen ergeben jedoch ein gutes Gespann, wenn sie im Staudenbeet nebeneinander gepflanzt werden. Jede Kitaleitung sollte daher wie ein Gärtner auch, die „Pflanzen" möglichst genau kennenlernen. Auf diese Weise häuft er seinen individuellen Mitarbeiter-Erfahrungsschatz an, der ihm hilft, sorgsam und individuell mit den verschiedenen „Gewächsen" umzugehen.

Die Gärtnerin fragt:

Kennen Sie Ihr Team? Welche Teamtypen gibt es? Wer braucht was, um gut arbeiten zu können? Wer tickt wie?

Erstellen Sie eine Übersicht von Ihren Mitarbeiter_innen. Machen Sie sich Gedanken über deren Stärken und Schwächen, aber auch deren Talente.

- Wer kann was besonders gut?
- Sind die Aufgaben stärkenorientiert verteilt?
- Wie sind die Kleinteams zusammengesetzt?
- Passt es noch?
- Wenn ja, woran merken Sie das?
- Wenn nein, was ließe sich wie optimieren?

Sicherlich werden Ihnen bei der Arbeit mit den Mitarbeiter_innen, wie einem Gärtner mit seinen Pflanzen auch, hin und wieder Fehler unterlaufen, denn auch Sie sind nur ein Mensch. Doch je besser Sie Ihr Team kennen und sich auf die unterschiedlichen Charaktere einlassen, wird Ihnen, wie dem Gärtner auch, die optimale Zusammensetzung bzw. „Anpflanzung" in Ihrem Teamgarten gelingen. Und je besser Sie sich Ihre Pflanzen anschauen, desto eher bemerken Sie auch, wenn etwas nicht stimmt und können schnell korrigierend oder helfend eingreifen oder es schlichtweg beim nächsten Mal im Umgang mit den Mitarbeiter_innen einfach besser machen (vgl. Nöllke).

2.5 Gelb und lila passt – vielfältig ist zukunftsorientiert

Gärten wirken schnell vollgestopft, manchmal auch trist oder langweilig. Warum? Weil ihnen oft die Großzügigkeit fehlt. Die muss man sich aber sowohl als Gärtner_in sowie auch als Gartengestalter_in zutrauen und ebenso auch als Führungskraft in einer Kita. Großzügigkeit ermöglicht Entwicklung, da sie Raum lässt. Wer über seinen Garten mit all seinen Pflanzen nicht viel weiß und stattdessen mehr darauf achtet, dass alles nach Plan abläuft, und die Eigenschaften und das Wachstum der Pflanzen missachtet, diese hingegen viel kontrolliert und reglementiert, wird die Individualität seiner Pflanzen schnell aus den Augen verlieren und sie nur noch in *gute* und *schlechte* Pflanzen einsortieren. *Schlechte* Pflanzen würden Sie zudem wahrscheinlich sehr wenig oder zu viel Beachtung schenken und sie über kurz oder lang aus dem Garten entfernen. *Gute* Pflanzen dürften wahrscheinlich bleiben, würden von Ihnen vielleicht noch mehr gedüngt oder gewässert, obwohl ihnen das auf Dauer nicht guttun würde, denn irgendwann wären sie überdüngt oder hätten gar das Gefühl, nicht mehr zu genügen. Ein langweiliger, ausgelaugter Garten wäre dann wahrscheinlich das Ergebnis (vgl. Nöllke).

In Kitas ist das ähnlich. Wenn immer die gleichen Mitarbeiter_innen über Jahre zusammenarbeiten und jede neue Kollegin als störend und als *schlechte* Pflanze angesehen wird, nach dem Motto: „Lass mal, das haben wir schon immer so gemacht", werden die jungen Pflänzchen auf kurz oder lang eingehen oder auf Dauer entfernt. Was übrig bleibt, ist eine Kita, die nicht mehr zeitgemäß arbeitet und verlernt hat, wichtige Prozesse des Alltags kritisch zu reflektieren. Jede Kitaleitungskraft sollte sich daher daran orientieren, dass nicht das Wohlergehen und Wachsen einzelner, gar besonderer Pflanzen wichtig ist, sondern vielmehr die Gesundheit und das Wachstum des ganzen Gartens. Denn nur ein gesunder Garten kann dauerhaft bestehen. Führen heißt daher, andere erfolgreich zu machen, indem auf Diversität geachtet wird. Das ist eine Frage der Haltung.

Denn Gärtner_innen lieben das Lebendige. Sie haben Freude daran, wenn ihre Pflanzen wachsen, gedeihen und Früchte oder Blüten tragen. Sie halten ihre Pflanzen nicht klein, sondern tun alles dafür, dass sie sich gut entwickeln können. Dafür schaffen Gärtner_innen das passende Umfeld. Sie stellen einen stabilen Zaun auf, um den Garten zu schützen, und schaffen innerhalb des Gartens Schutzräume für besondere Pflanzen, da diese sonst verkümmern würden. Besondere Pflanzen sind – übertragen auf die Kita – z. B. Mitarbeiter_innen, die als Quereinsteiger_in mit Erfahrungen aus einem anderen

Beruf in die Kita kommen und daher andere Denkweisen und Herangehensweisen mitbringen. Sie stellen oft Altbewährtes infrage oder sind äußert kreativ und frei im Denken, ihnen wird vielleicht schnell langweilig und sie legen sehr viel Wert auf Individualität. Vielleicht stehen neue Mitarbeiter_innen auch noch ganz am Anfang ihrer Berufskarriere, haben somit wenig Erfahrung und sind daher auch noch nicht „fest verwurzelt" und daher unsicher und wenig standfest. Oder es sind Mitarbeiter_innen, die aus einem anderen Land stammen, eine andere Sprache sprechen, einen anderen kulturellen Hintergrund haben und daher eine andere Herangehensweise oder Meinung zu bestimmten Erziehungsstilen oder Themen haben. Gärtner_innen achten auf diese besonders empfindlichen Pflanzen, düngen, wässern und schützen sie. Und gleichsam wertschätzen sie auch alle anderen, denn die Vielfalt im Garten macht den Garten erst schön. Jeder darf sich nach seiner Art entwickeln. Vielmehr noch lassen sie unterschiedliche Pflanzen und Gewächse nebeneinander gedeihen, lockern den Boden, stützen hier und da ab, greifen jedoch nur dann ein, wenn es unbedingt sein muss. Denn Bodendecker, wie z. B. das Pfaffenhüttchen oder die Elfenblume, brauchen andere Lebensbedingungen wie die spektakuläre Rutenhirse, die als Staudenpflanze andere Ansprüche stellt. Vielfalt trägt zur Schönheit, Robustheit und Lebendigkeit des Gartens bei. Reinkulturen lassen den Garten langweilig wirken und auf Dauer eingehen. Ähnlich ist es auch in einer Kita, in der die immer gleichen Mitarbeiter_innen über Jahrzehnte zusammenarbeiten, ohne sich weiterzuentwickeln. Daher braucht ein_e Gärtner_in den Blick für den ganzen Garten. Auch die Führungskraft muss immer das große Ganze, die Kita und das Team in all seinen Facetten in den Blick nehmen.

2.6 Die Mischkultur nutzen lernen

Bunte, vielfältige Gärten sind nicht nur eine Augenweide, sondern die Pflanzen profitieren auch voneinander. Gärtner_innen nennen dies Mischkultur. Allerdings macht eine Mischkultur im Garten nur dann wirklich Sinn, wenn sich die Pflanzen in einer guten „Nachbarschaft" befinden. Man kann nicht jede Pflanze willkürlich neben eine andere pflanzen. Manche Pflanzen, wie beispielsweise Erbsen und Kartoffeln, sind sich einfach nicht „grün". Daher muss der/die Gärtner_in innerhalb der Mischkultur im Beet darauf achten, dass die angebauten Schützlinge miteinander harmonieren. Und warum? Weil sich die Pflanzen in einer Mischkultur ergänzen sollen – „oben wie unten". Das bedeutet, sie kommen sich weder mit den Blättern noch mit dem

Wurzelwerk ins Gehege, damit jede Pflanze neben ausreichendem Platz auch die notwendigen Nährstoffe erhält.

In einer Kita ist das ähnlich. Auch hier können nicht alle Mitarbeiter_innen gleichsam gut miteinander arbeiten. Auch sie kommen sich dann schnell in ihrer „Nachbarschaft", dem Gruppen- oder Funktionsraum, ins Gehege und bilden dann keine gute Mischkultur. Denn nicht nur die „Nachbarschaft" innerhalb einer Mischkultur ist von Bedeutung, sondern auch die grundsätzliche Unverträglichkeit mancher Gattungen untereinander. Manche Pflanzengattungen vertragen sich gegenseitig überhaupt nicht. Zu ihnen gehören neben den Kreuz- und Doldenblütler (wie z. B. Möhren, Sellerie, Dill)) auch die Hülsenfrüchtler (wie z. B. Bohnen, Ersen, Linsen). Zwischen diesen Pflanzen sollte der/die achtsame Gärtner_in also ausreichend Abstand halten, damit sie sich optimal entwickeln können.

Die achtsame Führungskraft in der Kita muss darauf achten, welche Mitarbeiter_innen sich überhaupt nicht guttun und welche hingegen eine wunderbar fruchtbare Symbiose bilden und zu Höchstleistungen fähig sind. Zudem sollten Führungskräfte in Kitas auch mit Blick auf die Mischkultur beachten, dass manche Pflanzen schlecht wachsen, wenn die Vorkultur aus „schlechten Nachbarn" bestand. So werden in manchen Kitas beispielsweise Konflikte oder Probleme von einer „Generation" Erzieher_innen über Jahre an die nächste weitergereicht, da es nie einen reinigenden oder klärenden Teamentwicklungs- oder Konfliktklärungsprozess gegeben hat, der Boden also nie richtig umgegraben und kultiviert wurde.

Damit Mischkulturen gut gedeihen, ist es wichtig, dass sich Führungskräfte darüber klar werden, wer wen „gut riechen kann". „Ich kann Dich nicht riechen – wenn Pflanzen sprechen könnten, würden Sie diesen Satz vielleicht auch hin und wieder aus Ihrem Gemüsebeet hören. Denn nicht nur bei Menschen kommt es vor, dass wir uns mit anderen nicht so gut vertragen. Einige Pflanzen sind sich sympathisch und schützen sich sogar als Beetnachbarn gegenseitig vor Krankheiten und Ungeziefer, andere jedoch können sich nicht „riechen" – und verkümmern. Wurzelausscheidungen und Düfte der Pflanzen spielen dabei eine große Rolle. In einer gut durchdachten Mischkultur wachsen darum nicht nur Pflanzen mit verschiedenen Reifezeiten und Nährstoffansprüchen, sondern man achte auch auf die richtige Nachbarschaft. Außerdem ergibt sich durch die richtige Paarung auch gleichzeitig ein natürlicher Schädlingsschutz." (stanze-gartencenter.de) Außerdem ergibt sich durch die richtige Paarung auch gleichzeitig ein natürlicher Schädlingsschutz. Dies ist in Kita-Teams nicht immer der Fall. Daher muss jede Führungskraft wissen, wann sie an einer Stelle regulierend oder führend eingreift, oder gar klare und eindeutige Entscheidungen zum Schutz des Teams und der Kita trifft.

Analog einem Garten ändert sich durch Umpflanzungen das Gesamtbild des Gartens und somit auch die Zusammensetzung im Beet. Auch die Entwicklung eines Teams wird durch „Umpflanzungen" beeinflusst. Und dennoch muss die Führungskraft, wie der/die Gärtner_in auch, hin und wieder eingreifen, umpflanzen oder gar eine Pflanze entfernen. Denn Sie als Führungskraft tragen die Verantwortung dafür, dass alle Ihre Pflanzen gedeihen, wachsen und sich gut entwickeln können. Leider kann es dabei passieren, dass einzelne Pflanzen über ein dem Garten zuträgliches Maß hinaus „wuchern", gar „mutieren". Dies kann ich aus eigener Erfahrung bestätigen. Solche Pflanzen tun dem ganzen Garten, also dem Team, nicht gut. Sie blockieren, lähmen oder wuchern so stark, dass sie andere überdecken und sich viel zu aggressiv im Garten – also der Kita – ausbreiten. Hier müssen Leitungskräfte beherzt eingreifen, die Pflanze zurückschneiden oder gar aus dem Garten entfernen, denn sonst würde diese eine Sorte das Gedeihen aller anderen Pflanzen gefährden.

Gärtner_innen sind da oft klarer in ihrem Tun, gehen stringenter vor, eben beherzt, da sie den Garten als großes Ganzes sehen. Einige Kitaleitungskräfte tun sich nicht so leicht damit, eine Pflanze zu entfernen. Vielen fällt es schwer, jemanden aus dem Team zu nehmen, sich von einer Mitarbeiterin oder einem Mitarbeiter zu trennen. Leider wird oft viel zu lang gewartet, daran festgehalten, die Person im Team, im Garten zu dulden, auf dass sie sich doch noch anders entwickelt und verhält. Sicherlich ist es oft richtig, es erst einmal mit „umpflanzen" und „zurückschneiden" zu versuchen, bevor man die Pflanze aus dem Boden „reißt" und somit aus dem Garten entfernt. Doch manchmal ist es wichtig und unumgänglich, sich von Pflanzen zu trennen. Ansonsten hätte es zur Folge, dass sich der gesamte Garten nicht gut weiterentwickeln könnte, einige Pflanzen verkümmern und andere absterben würden.

Und da kann der Gärtner – die Führungskraft – dann noch so viel Unkraut rupfen, den Rasen durchlüften, die Beete und Pflanzen düngen. Das Gewächs würde weiter wuchern, würde man es im Garten belassen. Von daher tun Kitaleitungen gut daran, ebenso beherzt wie eine Gärtnerin bei solch wilden oder aggressiven Pflanzen zuzugreifen, um sie aus dem Garten zu entfernen. Wenn Pflanzen sich um jeden Preis durchsetzen wollen, vielleicht noch auf Kosten anderer, sind sie im Garten und auch in der Kita kein Erfolgsrezept, sondern müssen früh gestoppt und das Wuchern unterbunden werden. Schadensbegrenzung ist wichtig, auch wenn es schwerfällt, denn rücksichtslose oder unsoziale Pflanzen, also Einzelkämpfer, zerstören das Vertrauen untereinander und verhindern das Miteinander im Team (vgl. Nöllke).

Je bunter und vielfältiger Teams zusammengesetzt sind, desto mehr müssen Sie als Führungskraft auf die Mischkultur, also das „Miteinander arbeiten und voneinander lernen" achten. Gelingt Ihnen das, reagieren diverse bunte Teams auf neue Herausforderungen in einem von stetem Wandel geprägten Umfeld meist flexibler als homogene Teams. Denn durch die erhöhte Vielfalt der Erfahrungen, Sichtweisen und Arbeitsstile kommen diese gemischten Teams oft zu innovativeren, passenderen und kreativeren Problemlösungen als einheitliche Teams. Vielfalt ist herausfordernd, bringt jedoch große Chancen in sich. Zudem ist bunt einfach schöner und spannender!

Die Gärtnerin fragt:

- Wie divers ist Ihr Team, wie vielfältig und bunt somit Ihr Garten? Malen oder gestalten Sie einen Garten Ihres Teams. Welche Pflanzen haben Sie in Ihrem Garten?
- Was verstehen Sie unter Vielfalt, also Diversity? Schreiben Sie Ihre Interpretation auf und gleichen Sie diese mit meinen Ausführungen auf Seite 72 ab. Was ist für Sie neu, was sehen Sie anders?
- Haben Sie sich schon mit dem Thema Diversity-Management auseinandergesetzt? Was würden Sie darunter verstehen?

2.7 Führungskräfte brauchen ein Gespür für Zeit

Ein_e Gärtner_in weiß, dass er/sie selbst keine Rosen, Sonnenblumen oder Gurken hervorbringen kann. Er kann nur eine Umgebung schaffen und aufrechterhalten, in der Pflanzen gut gedeihen. Als Gärtner_in und auch als Führungskraft in einer Kita brauchen Sie daher ein besonderes Verhältnis zur Zeit. Und Zeit scheint nie genug vorhanden zu sein. Oder ist das bloß ein Trugschluss?

Als Führungskraft müssen Sie sich mit Blick auf Ihr Team und dessen Entwicklung Zeit nehmen. Ein gutes Team fällt nicht vom Himmel. Vielmehr sollten Sie langfristig denken, Ziele haben und vor allem ein klares Bild von Ihrem Team, Ihrer Kita, eine Vorstellung von Ihrem „Garten" entwickeln, wie er in ein paar Jahren aussehen soll. Darüber hinaus brauchen Führungskräfte „...ein Gespür für den Biorhythmus. Alle Lebewesen haben ihren eigenen Rhythmus. Sie schwingen zwischen Hoch- und Niedrigphasen hin und her, zwischen Aufbau und Abbau, zwischen sich sammeln und sich entäußern. Auch davon können Führungskräfte lernen. Dulden Sie immer nur ‚Hochphasen', richten Sie jedes lebende System zugrunde: Ihre Abteilung, Ihre Mitarbeiter und schließlich auch sich selbst" (Nöllke 2019). Und jedes Team hat seinen ureigenen (Bio-)Rhythmus.

Der Gärtner fragt:

Was könnte mit (Bio-)Rhythmus bezogen auf ein Team gemeint sein?

1. Nehmen Sie sich ein Blatt Papier und skizzieren Sie, wie solch ein Bio-Rhythmus aussehen kann, wenn Sie an Ihr Team denken!
2. Wenn Sie auf die letzten zwei Jahre zurückblicken: Welche Rhythmen haben Sie erlebt? Wann gab es Phasen der Ruhe, der Aktivität, der Regeneration, der Reflexion?

Und so ist jedes Team immer nur so gut, wie seine Leitung es ihm ermöglicht, so wie auch jeder Garten die Handschrift des jeweiligen Gärtners widerspiegelt. Wer immer nur auf die Leistung und den Ertrag achtet, diesen gar in den Vordergrund stellt, beutet seinen Garten aus, verhält sich nicht wie ein guter Gärtner. Denn gute Gärtner_innen wissen um die Jahreszeiten und unterschiedlichen Bedingungen, die diese mit sich bringen. Sie denken daher nicht statisch, sondern immer mit Blick auf den Rhythmus des Lebens, dem alles unterliegt. Zudem wissen Gärtner_innen auch, dass ihre Pflanzen nicht schneller wachsen, wenn man daran zieht.

Bei Mitarbeiter_innen ist es genauso. Auch sie wachsen nicht schneller, wenn man an ihnen zieht, ihnen ständig Druck macht, sie antreibt. Vielmehr gilt es, ähnlich wie im Gartenjahr auch im Kita-Jahr Rhythmen – also Zeiten, des Planens, Heranreifens, des Umsetzens, des Erntens – zu beachten. Zeiten, in denen (Lebens-)Vorgänge verlangsamt werden, weil die Menschen erschöpft sind und sich ausruhen müssen, analog der Vegetation im Garten, um dann im Frühjahr mit neuer Kraft hervorzubrechen. Leider sind die Zeiten in der Kita zunehmend eng „getaktet", führt der häufige Personalmangel und die Aufgabendichte dazu, dass Ruhephasen selten oder gar nicht eingehalten, geschweige denn zelebriert, gestaltet oder gar bewusst hervorgehoben werden. So „hetzen" ganze Teams von einem Monat zum anderen durch das Jahr von einem Event oder Angebot zum nächsten und erkennen oft zu spät, dass sie dadurch in den Strudel des Anspruchsdenkens und der Schnelllebigkeit hineingezogen werden. Schneller, höher, weiter ist eine Maxime, die häufig auch durch Eltern befeuert wird und sich dann leider als „Schädling" in manchen Kitas einnistet und zu weiterem Stress und Druck führt. Leider treibt dieser Schädling Kinder wie Teams immer mehr (und das durchaus ungewollt) in eine Angebotspädagogik, aus der alle dann nur schwer wieder herausfinden.

Dabei wäre es für Führungskräfte eine wirklich lohnende Aufgabe, für Entschleunigung zu sorgen und auf Ruhe- bzw. Erholungsphasen im Kita-Jahr zu achten – z. B. nach erfolgreichen Events oder anstrengenden Phasen der Weiterentwicklung. Kurze, jedoch bewusst zelebrierte Erholungspausen, in denen die Teamleistung gewürdigt und wertgeschätzt wird. Leider werden solche Phasen meiner Wahrnehmung nach oft vergessen oder vernachlässigt, da das Team oder die Führungskraft gedanklich schon beim nächsten Etappenziel ist oder eben jetzt gerade keine Erholungspause passt oder aufgrund von Personalmangel oder anderen ungünstigen Umständen nicht stattfinden kann. Und so machen alle immer irgendwie weiter, Monat für Monat und hoffen darauf, dass nicht noch jemand krank wird oder längerfristig ausfällt. Dabei haben Ruhephasen einen wichtigen Auftrag. Sie steigern das Zusammengehörigkeitsgefühl, wertschätzen die Leistung, die gemeinsam erbracht wurde, helfen dem Team, sich aneinander und miteinander zu freuen und so Kraft zu tanken. Zudem bieten sie den notwendigen Raum zur Würdigung der erbrachten Leistung und helfen den erschöpften Mitarbeiter_innen sich zu regenerieren. Denn jeder braucht Ruhephasen, um seine Kräfte zu erhalten. Daher gilt es, achtsam zu werden (vgl. Nöllke).

Unsere aktuelle Zeit ist für die meisten Menschen sehr stressig und zudem waren die Jahre der Corona-Pandemie für viele sehr beängstigend und kräftezehrend. Viele pädagogische Fachkräfte waren und sind erschöpft, ausgebrannt und müde, quälen sich darüber hinaus mit anstrengenden Gedanken über die Zukunft, auch mit Blick auf die neue Regierung, die Ende 2021 an den Start gegangen ist, und die damit verbundenen Auswirkungen auf den Bereich der frühkindlichen Bildung. Andere schauen immer wieder mit Trauer oder Wut auf die Vergangenheit zurück, verheddern sich in Gedankenschleifen, die sie immer wieder in einen Strudel hinabzuziehen scheinen.

Deshalb ist Achtsamkeit geboten. Achtsam zu sein, ist eine grundlegende menschliche Fähigkeit. Es bedeutet, voll präsent zu sein und sich bewusst zu sein, wo wir sind und was wir gerade tun, um nicht übermäßig zu reagieren oder von dem, was um uns herum geschieht, überwältigt zu werden. Das ist wichtig, um die schöpferische Kraft und auch geistige wie körperliche Gesundheit eines jeden Einzelnen sowie auch des gesamten Teams zu erhalten.

Der Gärtner fragt:

- Wie bauen Sie als Führungskraft eigentlich im Alltag Stress ab? Wie sorgen Sie achtsam für sich? Welche Kraftquellen nutzen Sie?
- Haben Sie sich schon intensiver mit dem Thema „Achtsamkeit" auseinandergesetzt? Kennen Sie eine Achtsamkeitsmethode, Übung oder Mediation? Wäre so etwas für Sie denkbar?
- Und wie reagieren Sie, wenn andere nicht achtsam mit Ihnen umgehen? Ich meine damit z. B. die kleinen, aber nervenden Unterbrechungen, wenn Sie im Büro sind und die meistens mit Floskeln wie „Kannst du mal eben?" oder „Ich will ja nicht stören …" beginnen.

Gärtnertipp:

Wie Sie mit solchen unachtsamen Unterbrechungen gut umgehen können, lesen Sie auf Seite 110.

Achtsamkeit und Erholung tun jedem gleich gut und dennoch sind, ähnlich wie bei den verschiedenen Pflanzen auch, die Erholungszeiten und Ruhephasen der Menschen höchst unterschiedlich. Einige regenerieren sich schnell und stehen nach kurzer Zeit wieder in „Saft" und Blüte, andere brauchen länger. Wenn Sie als Führungskraft auf bewusste Phasen der Erholung im trubeligen Kita-Jahr achten, schaffen Sie einen Nährboden. Wenn Sie diesen dann zudem noch mit Achtsamkeit und Wertschätzung düngen, wird Ihr Team langfristig „reiche Ernte" hervorbringen. Außerdem wird Ihr Team robuster, leistungsstärker und kann mehr als einmal im Jahr seine Blütenpracht zum Vorschein bringen, wenn achtsam und wohlwollend mit ihm umgangen wird und Sie darüber hinaus für Ruhephasen sorgen. Von daher lohnen sich solche achtsamen Auszeiten, auch für die Führungskraft selbst!

Die Gärtnerin fragt:

Wie inspirieren oder begeistern Sie als Führungskraft Ihr Team?

Wie schaffen Sie es, die Anstrengungsbereitschaft Ihrer Mitarbeiter_innen zu wecken, anzufachen? Sammeln Sie auf einer Liste Ideen oder Methoden, die sich bewährt haben.

... oder schauen Sie sich nach neuen Ideen um, die Sie gern einmal ausprobieren würden, wie z. B.

- Den Informationsfluss verstärken und für mehr Transparenz sorgen.
- Die Ziele nachschärfen.
- Loben und ermutigen!
- Engagiertheit in der Teamsitzung wertschätzen.
- Kommunikation miteinander verstärken.
- Eine offene Fehlerkultur aufbauen.
- Gemeinsame Teamziele fassen.
- Teamaktionen durchführen.

Und so brauchen Gärtner_innen ein Gespür für den jeweiligen „Biorhythmus" ihres Gartens und Führungskräfte für ihr Team: Welche Mitarbeiterin, welcher Mitarbeiter im Team braucht wann Antrieb, Unterstützung und Inspiration? Wer muss wann in „Ruhe gelassen werden", wer braucht wann „Dünger"? Wann braucht das ganze Team Zeit zum Reflektieren, wann Zeit für Erholung, für Regeneration, zum Kräfte sammeln? Wann Unterstützung und neue Motivation?

Denn nach der Ruhepause kann der Boden neu aufbereitet werden, auf dass der Garten wieder neu aufblüht. Auch das lässt sich vom Garten auf die Kita übertragen: Alle Mitarbeiter_innen folgen einem Rhythmus aus Spannung und Entspannung, Tatkraft und Ruhepause, Kräfte sammeln, um dann in die nächste „Hochphase" zu kommen. Es ist die Anstrengungsbereitschaft, die nach der Regeneration wieder neu erwacht oder manchmal auch geweckt und herausgefordert werden muss. Und Fordern heißt in diesem Fall Zutrauen, wachsen und entfalten lassen. Genau das zeichnet eine gute Führungskraft aus: Sie kennt ihre Mitarbeiterinnen und Mitarbeiter und bringt sie dazu, über sich hinauszuwachsen. Je nach Gärtnertyp gelingt das mal mehr und mal weniger (vgl. Nöllke).

2.8 Gärtner_innen: von entspannt bis perfektionistisch Und welcher Typ sind Sie?

Die GIM ist eine Gesellschaft für innovative Marktforschung und forscht für führende Markenartikler, Industrieunternehmen und Dienstleister in über 50 Märkten weltweit. Mit Blick auf Gärtner_innen hat die GIM 2017 eine Studie veröffentlicht, die sich mit deutschen Freizeitgärtnern befasst, und diese in verschiedene Gärtnertypen und deren Präferenzen eingeteilt.

> „Insgesamt, so die Ergebnisse der GIM-Studie, lassen sich vier Gärtnertypen voneinander unterscheiden: ‚Naturnahe', ‚Perfektionisten', ‚Genießer' und ‚Pragmatiker'. Dabei entscheiden über den einzelnen Typen nicht Alter oder Geschlecht, sondern psychologisch-motivationale Aspekte. Das kann etwa die jeweilige Relevanz des Gartens für den eigenen Lebensstil sein und die spezifische Funktion, die das Gärtnern für den Menschen erfüllt." (vgl. marktforschung.de 2017)

Und auch der Nabu (Naturschutzbund) hat sich mit der Typologie von Gärtner_innen beschäftigt, da 950.000 private Gärten bundesweit so manche Hobby-Gärtner-Persönlichkeit zutage fördern. Ich habe mich an dieser Typologie entlanggehangelt und sie auf die Kita-Welt übertragen. Denn auch Führungspersönlichkeiten lassen sich in bestimmte Typologien einordnen, ohne sie in Schubladen „verstauen" zu wollen.

Überdenken Sie bei der folgenden Auflistung analog den verschiedenen Führungsstilen, welchem Gärtentyp Sie am ehesten oder auch gar nicht entsprechen.

Die Ästhetin

Nichts wird dem Zufall überlassen – schon gar nicht der optimale Winkel zwischen dem Kräuterbeet und dem Rankgitter für die Sternanemonen. Und nach 25 Büchern zur Geschichte des Gartenbaus sowie mehreren Seiten über Geometrie kann es auch schon losgehen. Die Ästhetin schätzt die klare Formensprache, die den passenden Rahmen für die wie absichtslos hingestreuten persönlichen Akzente bildet: einen Eidechsenhügel, dem Blumenbeet eingefasst mit Kies, Splitt und Schotter, befüllt mit blühenden Lückenfüllern. Ein Kiesweg, gesäumt von spanischen Gänseblümchen und Storchschnabel, führt direkt zum Sonnenplatz mit Metallstühlen und Ornamenttisch, der jeden zweiten Freitag von Juni bis September den würdigen Rahmen bildet für den Austausch mit Freunden.

Übertragen auf die Kita sind es all jene Führungskräfte, die erst einmal drei bis vier Fachbücher lesen, bevor sie auch nur einmal mit dem Team über den angedachten Veränderungsprozess sprechen. Alles wird genau geplant und durchdacht, soll schön, harmonisch und auch ästhetisch wirken, daher wird viel Wert auf Details gelegt, die manchmal vom Wesentlichen ablenken. Das Fachwissen ist gut, es hapert jedoch bei der Umsetzung, da viele Entscheidungen immer wieder überworfen werden, um den optimalen Ablauf zu ermöglichen (vgl. Nabu 2021).

Der Pädagoge

„Die meisten Menschen haben keine Ahnung vom Gärtnern", denkt der Pädagoge und lauert über den Gartenzaun. Wird seine Gartenarbeit gesehen, gar gewürdigt? Was sagen die interessierten Blicke der Nachbar_innen oder Passant_innen, wenn sie in den Garten schauen? Gern erklärt er dann ungefragt, dass der japanische Wiesenknopf mit seinen puscheligen, raupenförmigen Blütenständen ganz anders aussieht als der artverwandte „Red Thunder" oder die „Burgundy", die zwar ähnlich, aber eben doch ganz anders aussehen. Und auch das charmante Durcheinander des Wiesenknopfs, des Kerzen-Knöterichs und der Indianernessel seien bewusst so gewählt und angelegt worden, da sie sich umgarnen und das Gartentor besonders gut hervorheben. Bei Bedarf könne er gerne auch mal im Garten des Gesprächspartners nach dem Rechten schauen, damit auch alles gut wächst und gedeiht.

Übertragen auf die Kita sind dies all jene Führungskräfte, die immer gern alles besser wissen und allen im Umfeld, Mitarbeiter_innen wie Eltern, das Gefühl geben, nicht genug zu wissen, um mit ihnen auf Augenhöhe zu diskutieren. Auch fühlen sie sich dazu verpflichtet, allen immer alles ganz genau erklären zu müssen, damit das Gegenüber peu á peu auf Augenhöhe heranreifen kann (vgl. Nabu 2021).

Die Tierfreundin

Eigennutz ist nicht ihre Sache. Deshalb ist sie sehr bemüht, allen Tieren im Garten gerecht zu werden. So pflanzt sie den Kirschbaum so, dass die Vögel von ihrem Nest im Fliederstrauch über die Regenrinne am Schuppen direkt zu den Früchten wandern und sich so den anstrengenden Flug ersparen können. Sie platziert überall Holzstapel und Komposthaufen oder kauft ein artgerechtes Igelhaus, damit der Igel im Winter nicht frieren muss. Auch pflanzt sie Obst und Gemüse weniger für den eigenen Genuss, sondern möchte damit möglichst vielen Tierarten Nahrung und Unterschlupf bieten.

Übertragen auf die Kita, sind *Tierfreunde* all jene Führungskräfte, die immer sehr an den Befindlichkeiten und Bedürfnissen der Mitarbeiter_innen und Eltern sowie der Kinder interessiert sind. Sie organisieren, besorgen, unterstützen hingebungsvoll alle und kümmern sich um jedes Detail, auf dass es allen gut ergeht. Harmonie ist ihnen wichtig, genauso wie die Zufriedenheit und das Wohlergehen aller (vgl. Nabu 2021).

Der Ordentliche

Unablässig schneidet er an Pflanzen und zupft das „Unkraut" bzw. Wildkraut zwischen den Steinplatten heraus, analog dem Mähroboter, der unermüdlich seine Kreise zieht. Denn kurz muss er sein, der Rasen, dicht und makellos, sowie der Gehweg stets sauber und ordentlich daherkommt. Der Kirschlorbeer verwehrt, wegen Lückenlosigkeit, allen Passant_innen den Einblick in den Garten, Ähnliches gilt für die unvermeidliche Konifere, die einzig deshalb angepflanzt wurde, weil sie kein Laub abwirft. Und wehe dem waghalsigen Pflänzchen, das sich auf der Terrasse durch die Fugen zwischen den Waschbetonplatten gekämpft hat: Ihm wird mit Essig und Salz kurzen Prozess gemacht. Und auch die Rasenmähkante wird in Form gehalten, auf dass das Wildkraut keine Chance mehr hat.

Übertragen auf die Kita sind dies all jene Führungskräfte, die allen immer und überall hinterher räumen und genau erklären, wie man was am besten macht. Sie maßregeln, weisen darauf hin, erklären, führen vor und ermahnen, auf dass alles gut geordnet und vor allem fehlerfrei und ordentlich abläuft. Chaos und Unordnung sowie Veränderungsprozesse sind ihnen zuwider, da sie nie wissen, was sie bekommen, wie sich etwas entwickelt. Alles muss abgesichert und gut geplant sowie kontrolliert werden (vgl. Nabu 2021).

Der Kleinbauer

Im Schuppen des engagierten Kleinbauers stapeln sich Dünger, Pflanzhilfen und Pestizide, torffreie Gartenerde, und natürlichen Dünger wie Kaffeesatz und Pflanzenjauche hält er für eine romantische Spinnerei. Nur Resultate zählen: Am Ende des Gartenjahres sind die Gemüse- und Kartoffelkisten sowie Marmeladengläser und Obstflaschen reich gefüllt, Brokkoli, Blumenkohl und Fenchel warten in der Gefriertruhe neben den Erbsen und Bohnen auf ihre winterliche Verwendung in der Küche.

Übertragen auf die Kita sind *Kleinbauern* all jene Führungskräfte, die gerne von einem Event zum anderen denken, besondere Feste und Aktionen im Jahreskreis zelebrieren und ein Projekt nach dem anderen starten, um die

Schautafeln im Rathaus oder auf der Webseite der Kita zu füllen. Ergebnisse sind wichtig, Produkte der Kinder werde daher ausgestellt und „gefeiert", Eltern zu Vorführungen und Events gerne und viel eingeladen, denn das macht die Anstrengungen sichtbar und zeigt auf, dass in dieser Kita etwas geleistet wird (vgl. Nabu 2021).

Die „Urban"-Gärtnerin

Sie lebt in der Stadt, verwandelt jedoch jeden Quadratzentimeter ihrer städtischen Freifläche in ein kleines Paradies. Sie träumt inmitten einer Millionenmetropole von der Selbstversorgung mit Gurken und Tomaten, schert sich dabei allerdings weniger um die darin enthaltenen Schwermetalle, da sie das Wachsen und Treiben in einem höheren Sinnzusammenhang stellt. Jeder soll erleben: Es geht auch anders, naturnah. Dabei setzt sie auf Selbstbestimmung und Selbstversorgung und bleibt konsequent auf diesem Weg.

Übertragen auf die Kita betrifft dies all jene Führungskräfte, die allen Mitarbeiter_innen größte Freiräume einräumen und sie ermutigen, ihren eigenen Weg zu gehen. Der Garten ist zwar nicht wirklich ein Garten, dennoch soll sich jeder ausleben und ausprobieren können. Das Ergebnis ist nicht so wichtig, die Erfahrung zählt. Daher können auch noch so kleine Nischen für Erfahrungslernen genutzt werden (vgl. Nabu 2021).

Und was denken Sie? Passt ein Gärtnertyp zu Ihnen? Vielleicht, wie so oft, nicht haargenau, sondern nur einige Nuancen? Vielleicht ist diese Liste der Hobby-Gärtner_innen auch überhaupt nicht auf die Kita-Welt übertragbar. Doch sicherlich steckt auch ein bisschen Wahrheit in der Auflistung, sodass Sie Ihren Stil erkennen können und die Chance zur Weiterentwicklung haben.

Vielleicht passt ja auch keine Beschreibung auf Sie und Ihrer Vorstellung von einer Gärtnerin/einem Gärtner bzw. einer Kitaführungskraft. Denn jeder Gärtner hat immer eine bestimmte Vision von seinem Garten im Kopf, so wie auch jede Kitaleitung eine Vision von ihrer Kita im Kopf haben sollte. Und dabei reicht die Geschichte des Gartens bis in die Steinzeit zurück und die der Kita 182 Jahre, bis zur Gründung des ersten Kindergartens durch Friedrich Fröbel, 1840 im thüringischen Bad Blankenburg.

Zum Glück hat sich seitdem einiges getan, was die Ausgestaltung der Kitas, deren pädagogische Konzepte und auch Herangehensweisen anbelangt, bis hin zur Führung einer Kita. Versuchen Sie daher nicht, einen bestimmten

Stil, analog den Führungsstilen, zu kopieren, sondern entwickeln Sie stattdessen Ihren eigenen Gärtnerstil. Denn Ihr Team ist einmalig – so wie ein Garten.

Die Gärtnerin fragt:

- Wie würden Sie Ihren Stil als Gärtner_in mit Blick auf das vorangegangene Kapital beschreiben?
- Was war neu? Wo würden Sie zustimmen, was gern übernehmen oder ausprobieren? Wie würden Sie Ihr Team als Garten beschreiben?
- Ich lade Sie ein, Ihren eigenen Gartentyp zu bestimmen und zu beschreiben. Trauen Sie sich und finden Sie eine „Überschrift“, die Ihren Stil als Kitagärtnerin gut und vor allem passgenau beschreibt! Was für ein Gärtnertyp sind Sie – oder: Welcher Typ würden Sie gern sein?

Kapitel 3:
Die Kita, mein Garten

Quelle: AdobeStock 322911794

„Leidenschaft ist das einzige richtige Maß für Dinge, die einem wirklich wichtig sind."
Ivo Adam

3.1 Vielfältig und nie ganz perfekt

In einem Garten gibt es immer viel zu tun: Erde auflockern, auspflanzen, aussäen, beschneiden, düngen, ernten, gießen, harken, hochbinden, jäten, kompostieren, pflanzen, pflücken, säen, Ungeziefer absammeln, Unkraut zupfen oder rupfen, umgraben, wässern, zurückschneiden.

Ähnlich viele Aufgaben hat auch die Führungskraft in einer Kita zu bewältigen. Und zu alledem entwickeln sich die Pflanzen im Garten nie ganz vorhersehbar. So lehrt der Garten Gelassenheit, Achtsamkeit und Flexibilität. Denn ein_e Gärtner_in kann noch so viel jäten, rupfen, zupfen, beschneiden und düngen – er wird nie ganz fertig, der Garten wird nie ganz perfekt sein (vgl. Nöllke). Und genauso verhält es sich auch in der Kita. Ständig tauchen neue Probleme auf, und die alten bleiben häufig erhalten, auch wenn sie mit noch so viel Fleiß und Geschick abgemildert werden. Führungskräfte in der Kita können die destruktiven Kräfte niemals ganz aus der Welt schaffen, sondern bestenfalls zügeln. Von daher werden Sie auch nie „fertig" sein. Eine makellose und reine, perfekte, konfliktfreie und heile Kita gibt es nicht. Wer versucht, sie zu erreichen, verschleißt seine Kräfte und endet im Burn-Out. Denn die eigenen Mittel, Ressourcen und auch Kompetenzen sind beschränkt.

Der Gärtner fragt:

Wie steht es um Ihre inneren Antreiber? Welche Stimmen sind es, die Sie zu Höchstleistungen antreiben?

- Ich muss perfekt sein.
- Ich sollte mich mehr anstrengen.
- Ich muss schneller arbeiten.
- Ich muss das noch zu Ende bringen.
- Ich kann jetzt noch nicht damit aufhören.

Im Anhang finden Sie einen „Antreiber-Test" und weitere Informationen zu diesem wichtigen Thema.

Zudem haben auch Führungskräfte wie Gärtner_innen auf vieles einfach keinen Einfluss. Da gibt es Schlechtwetterphasen, Ungezieferplagen, Wildwuchs oder Schädlinge, die in den Garten einfallen und die Pflanzen befallen. Erfahrene Gärtner_innen wissen das – und machen das Beste aus dem Unvollkommenen. Sie als Führungskraft sollten es ihnen gleichtun. Gesunde

Gelassenheit gepaart mit einer systemischen Herangehensweise, beherztem Anpacken und vorausschauender Planung sind gute Erfolgsbegleiter. Und so wie ein_e Gärtner_in Gartenwerkzeug besitzt, wie z. B. die Beet-Spatengabel, den Rasenkantenstecher, die Gartenschere, Astschere, den Fugenkratzer und die Gartenhacke sollten auch Sie als Kitaführungskraft spezielles Handwerkszeug besitzen, wie z. B.:

- analytische Fähigkeiten (Was beobachte/höre ich? Was nehme ich wahr?)
- Fachkompetenz (einschätzen können, wie man was am besten erreicht)
- Kommunikations- und Konfliktfähigkeit (Strategien und Methoden, um Gespräche erfolgreich zu führen)
- Strukturiertheit (prozesshaftes Arbeiten)
- visionäre Fähigkeiten (vor dem „geistigen Auge" haben, wie es sein wird)
- Widerstandskraft (denn Veränderungen sind anstrengend)
- Entscheidungs- und Umsetzungsbereitschaft (die Fähigkeit, klare Entscheidungen treffen zu können).

Die Gärtnerin fragt:

Wie steht es um Ihr Handwerkszeug? Was macht Sie als Führungskraft aus? Was sind Ihre Stärken und Kompetenzen?

- Erstellen Sie eine Liste mit Ihrem wichtigsten Handwerkszeug. Betrachten Sie die Liste. Gibt es etwas, das fehlt? Was würde Ihnen Ihre Arbeit erleichtern?
- Welche Kompetenz, welches Handwerkszeug würden Sie gern noch erwerben? Und warum?

3.2 Mitarbeitende zum Blühen bringen

Das unterschiedliche Handwerkszeug einer Führungskraft ist Grundlage, um die täglichen unterschiedlichen Prozesse erfolgreich zu steuern. Die Haltung der Führungskraft, ihre Art zu führen, entscheidet darüber, ob sie es schafft, Mitarbeiter_innen zum „Blühen" zu bringen. Würde ein Gärtner seinen Garten als Maschine betrachten, würde er wahrscheinlich auf fehlerfreies Funktionieren viel Wert legen. Aber eben das macht ein_e Gärtner_in nicht. Er betrachtet seinen Garten mit Demut, Respekt und Liebe vor dem Lebendigen, denn ein Garten ist lebendig – und je nach Pflege und Wachstum auch schön. Er ist zudem oft ein besonderer Ort und Sinnbild für Harmonie und gelungenes Miteinander, eine Kombination aus unterschiedlichen Elementen,

Pflanzen, Sträuchern und Bäumen, die zu einem stimmigen Ganzen beitragen. Und so wissen Gärtner_innen auch, dass sich der Garten immer anders entwickelt, als sie es geplant haben. Sie stellen sich darauf ein, kombinieren Planung, Improvisation und lassen sich den Garten entfalten. Auch das können Sie sich als Führungskraft von einer/m Gärtner_in abschauen: Die Menschen, ob nun Mitarbeitende oder Eltern der Kita, sind keine Rädchen im Getriebe einer großen Maschine, sondern Pflanzen, denen es ermöglicht werden sollte, sich zu entfalten, auf dass sie ihre Potenziale und Talente aufblühen lassen und sich zum Wohle aller einbringen können.

Wer Menschen wie Räder in einem Zahnrad behandelt, die möglichst fehlerfrei funktionieren müssen, darf sich über Dienst nach Vorschrift nicht beklagen. Wo Menschen lediglich als Ressourcen und Mittel eingesetzt werden, verhalten sie sich auch so. Ihre individuellen Potenziale entfalten die Menschen dann nur in ihrer Freizeit – oder bleiben hinter ihren Möglichkeiten zurück. Führen wie ein_e Gärtner_in hilft, umzudenken. Denn ein_e Gärtner_in ist pragmatisch, bodenständig und hartnäckig und sorgt sich um jede Pflanze. Das befähigt sie/ihn, mit dem Unvollkommenen zurechtzukommen. Und Pflanzen wie Menschen, ob nun Mitarbeiter_innen oder Eltern als Erziehungspartner, sind nun einmal unvollkommen. Mut zum Unperfekten zahlt sich in jeder Kita sowie in jedem Garten aus. Und in unserer unbeständigen, vieldeutigen, herausfordernden „VUCA-Welt“ ist es besonders lohnend, etwas einfach mal auszuprobieren, auch wenn es noch nicht perfekt ist.

Der Gärtner fragt:

Was wissen Sie über die VUCA-Welt? Ist Ihnen dieser Begriff geläufig? Können Sie damit etwas anfangen?

Schreiben Sie spontan auf, was Ihnen dazu einfällt und lesen Sie danach im Anhang dazu eine Erläuterung.

3.3 Perfektion – der Gartenfeind!

Perfektion führt schnell zu Stress und Druck. Geduld und gesunde Gelassenheit lassen Raum für Entwicklung und zum Reifen. Das ist wichtig und gehört auch zum Gärtnern dazu. Denn nicht jede Pflanze gedeiht und entwickelt sich immer sofort prächtig. Manchmal muss man lange auf die Ernte, die Früchte warten. Denn vor dem Ernten kommt immer erst das Blühen.

Um Menschen zum „Blühen“ zu bringen, braucht es Toleranz, Wertschätzung, Achtsamkeit, Geduld und vor allem die Akzeptanz des Unvollkommenen. Dabei hilft – wie so oft – ein Perspektivwechsel: Weg vom Mangel hin zur Stärkenorientierung!

Stärkenorientierung, das Wachstumselixier

Menschen haben, wie Pflanzen auch, selten dokumentierte Entwicklungsfahrpläne. Sie werden aktiv, zeigen und entfalten sich, werden produktiv und produzieren mal mehr mal weniger Fehler. Auch Angst, Überforderung und Schwäche lassen sie immer wieder an eigene Grenzen stoßen. Das ist menschlich und normal. Allerdings kommt es auf die Rückmeldung aus dem Umfeld an, wie Menschen lernen mit ihrem Mangel, der Unvollkommenheit und ihren Fehlern umzugehen. Die Fehlerorientierung ist dabei das „Zünglein an der Waage“. Sie entscheidet darüber, ob und wie Fehler gesehen und bearbeitet werden. Die Fehlerorientierung ist oft ein wichtiger Bestandteil der Fehlerkultur einer Kita. Ihr wird ein großer Einfluss auf die Möglichkeit zugeschrieben, im Arbeitsalltag aus Fehlern zu lernen. Die Fehlerkultur wird dabei als Indikator für das Ausmaß der Lernförderlichkeit der gesamten Kita-Kultur betrachtet (vgl. Bauer et al). Ist ein Fehler ein Helfer im Lernprozess? Oder wird er als Mangel, als Scheitern einer bestimmten Person betrachtet? Dies zeigt sich in der Kita-Kultur – oder genauer, in der Fehlerkultur des Miteinanders. Herrscht eine destruktive Fehlerorientierung vor, lautet die Kernfrage: „Wer war das?“ oder – flapsiger formuliert: „Wer hat’s verbockt?“ Dabei konzentrieren sich alle auf den vermeintlichen Verursacher, die Verursacherin. Anklagen oder Beschimpfungen, demütiges Vorführen folgen, was ihn/sie veranlasst, in die Rechtfertigung auszuweichen. Die Angst vor der Demütigung und Bloßstellung lässt sie/ihn in eine Abwehrreaktion verfallen, die nur ein Ziel hat: Selbstschutz. Zudem wird Angst vor einem erneuten Fehler geschürt, sodass sich der/die Verursacher_in künftig eher passiv verhalten wird, aus Angst, neue Fehler zu machen. Das Aufblühen des Mitarbeiters wird gestoppt, was wiederum Auswirkungen auf das gesamte Team nach sich ziehen würde.

Die Gärtnerin fragt:

Wie würden Sie Ihre Kita-Kultur, Ihre Fehlerkultur in der Kita beschreiben?

- Notieren Sie stichpunktartig, wie Sie bislang mit Fehlern, die im Team passiert sind, umgegangen sind? Würden Sie daran gern etwas verändern? Wenn ja, was und warum?
- Wie sähe für Sie eine gute konstruktive Fehlerkultur aus? Wie würden Sie diese Fehlerkultur gern mit Ihrem Team erarbeiten? Was könnten erste Schritte sein?

Die konstruktive Arbeit mit Fehlern ist in jedem Fall besser. Und bestenfalls verändern Sie sogar langfristige die Fehlerorientierung in eine Stärkenorientierung. Bei einer konstruktiven Fehlerkultur steht von Anfang an eine andere Kernfrage im Mittelpunkt, nämlich: „Was lernen wir aus dem Fehler?" Die/der Verursacher_in rückt dabei in den Hintergrund und wird nicht vorgeführt. Der Fehler wird zum Objekt, das Subjekt, die/der vermeintliche Verursacher_in, wird geschützt, zum Wohl des großen Ganzen. Alle betrachten nun den Fehler und suchen gemeinsam nach Lösungsansätzen zur künftigen Fehlervermeidung. Selbst wenn eine Person allein für den Fehler verantwortlich ist und Verantwortung dafür übernimmt, wird nicht die Schuldfrage in den Vordergrund gestellt, sondern die Frage „Was lernen wir daraus?" oder – spezifischer: „Was lernst du daraus?"

Als Führungskraft können Sie mit Ihrem Team die Fehlerkultur in Ihrer Kita stark destruktiv (Fehler sind schlecht und sollten um jeden Preis vermieden werden.) oder konstruktiv (Fehler sind nicht vermeidbar und eine willkommene Chance zu lernen.) prägen. Und das hat Auswirkungen, da sich das zukünftige Handeln aller daran ausrichtet. Bei einer bloßen Fixierung auf einen vermeintlichen Verursacher gerät dieser oft in einen Negativkreislauf, der dazu führt, dass immer wieder neue Fehler produziert werden. Das folgende Schaubild stellt dies sehr anschaulich dar:

Abbildung 4: Ursula Günster-Schöning, nach Niko Single

In einer lernenden Organisation wie der Kita hat daher die destruktive Fehlerorientierung ausgedient. Zudem würde so das veraltete Denkmuster: Alle Fehler sind schlecht und sollten um jeden Preis vermieden werden, weiter gefestigt. … Und mal Hand aufs Herz, wann haben Sie Ihren letzten Fehler gemacht? Machen wir nicht alle Fehler? Fehler machen ist menschlich.

Trotzdem gehen die Menschen bestimmt auch in Ihrer Kita sehr unterschiedlich damit um, bedingt durch ihre Erfahrungen mit Fehlern oder Misserfolgen, kulturellen Prägungen und Erleben im Umfeld der Familie. Und ob der Verursacher nach einem Fehler dann künftig mit Sorge oder sogar Angst versucht, weitere Fehler zu vermeiden, oder ob Fehler in Ihrer Kita als normal angesehen, vielleicht sogar einkalkuliert werden, wird immer von Ihnen als Führungskraft, dem Team und weiteren verschiedenen Faktoren beeinflusst. Die Stärkenorientierung ist eine davon.

Stärkenorientierung hilft Teams, besser zu akzeptieren, dass sie unvollkommen sind, Fehler machen und eben nicht perfekt sind. Denn Stärkenorientierung

- setzt auf die Kompetenz der Mitarbeiter_innen und gibt entsprechende Rückmeldungen wie z. B. „Hut ab, wie dir das gelungen ist."
- lenkt die Aufmerksamkeit auf die inneren Werte der Mitarbeiter_innen: „Das finde ich beeindruckend, wie du das gemeistert hast".
- überträgt Verantwortung, ohne die Mitarbeiter_innen zu überfordern: „Prima, dass du dir diese Aufgabe vorgenommen/zugetraut hast".
- arbeitet mit Ermutigung: „Ich sehe, du machst gute Fortschritte."
- weiß, dass Unvollkommenheit zur Entwicklung gehört und Mitarbeiter_innen anspornt.
- Hilft, ein eigenes Leistungsbewusstsein zu entwickeln.
- verzichtet auf Fehlerbezogenheit und destruktive Fehlerorientierung.

Die Gärtnerin fragt:

Wie sähe Ihre Teamkultur aus, würde über Nacht ein Wunder geschehen und alle Mitarbeiter_innen würden sich stärkenorientiert begegnen? Was wäre dann anders als noch zurzeit? Was wäre besser?

- Was können Sie ab morgen tun, um einen Schritt in Richtung Stärkenorientierung zu gehen?
- Was würden Sie gern ausprobieren?

Kleiner Exkurs

In einer Langzeitstudie von Brigitte Sindelar (Sigmund Freud-Privatuniversität) wurden bei den Arbeiten von 250 Volksschulkindern nicht die Fehler, sondern das Richtige markiert, wobei sich zeigte, dass diese Schüler_innen dann eine höhere Motivation und bessere Leistungen als die 380 Kinder der Kontrollgruppe hatten. Offensichtlich verwirrt die herkömmliche Art der Fehlerverbesserung mehr, als sie hilft, besonders bei vielen Fehlern, denn aus Fehlern lernen wir nicht wirklich, auch wenn ein Sprichwort etwas anderes behauptet. Durch das Hervorheben der Fehler prägen sich diese erst recht im visuellen Gedächtnis ein, und beim nächsten Mal erinnert sich die/der Schüler_in an das falsche Wortbild und macht dadurch den Fehler erneut (Stangl 2021).

So, wie man also bei Kindern besser das Richtige im Heft markieren sollte als die Fehler, sollten wir in unserem Arbeitsalltag, unserer Kita, auch besser das hervorheben und sichtbar machen, was unseren Mitarbeiter_innen gut gelungen ist, was sie gemeistert haben. Auch das macht eine gute Gärtnerin genauso. Denn sie bespricht auch nicht mit der Pflanze stundenlang, warum ihr der eine Zweig abgeknickt ist oder die Blüte sich nicht entsprechend der eigenen Erwartung komplett entfaltet hat. Sie stützt die Pflanze stattdessen ab, auf dass ihr kein weiterer Zweig abbricht und düngt sie, auf dass ihre Blüten sich entfalten. Und vor allem besinnt sie sich darauf, dass ein Garten nie ganz in Ordnung und vor allem nie ganz perfekt sein wird.

Der Garten lehrt uns somit neben der Gelassenheit auch die Fehlerfreundlichkeit! Denn Fehler passieren und sind normal. Je gelassener wir damit umgehen, desto besser können sich alle entwickeln. Denn neben dem individuellen Mindset bestimmt vor allem auch das Umfeld den Umgang mit Fehlern. Und so hat die Fehlerkultur einer Kita entscheidenden Einfluss darauf, wie jede_r Mitarbeiter_in im Einzelfall auf Fehler reagiert. Sie als Führungskraft tragen maßgeblich dazu bei und haben vor allem – wie der Gärtner in seinem Garten auch – großen Einfluss auf die Prozesse und Entwicklungen. Und gleichwohl der Begriff der Fehlerkultur im Zusammenhang mit New Work und agilem Arbeiten immer häufiger auftaucht, ist er in der Forschung bislang nicht eindeutig definiert. Klar ist, dass die Fehlerkultur Teil der Kita-Kultur ist, von dieser beeinflusst wird und zu dieser passen muss. Doch wie sie gestaltet und entwickelt wird, hängt, wie so oft auch bei anderen Prozessen, stark von der Führung der Kita ab.

3.4 Herausforderungen an eine_n Gärtner_in als Führungskraft

Um neben der Kita-Kultur, die im Allgemeinen geteilte Werte, Normen und Überzeugungen beschreibt, auch eine Fehlerkultur zu etablieren, deren Schwerpunkt auf dem Umgang mit Fehlern und deren Folgen liegt, gilt es, als Führungskraft verschiedene Herausforderungen zu meistern. Dazu zählt beispielsweise,

- selbst einen guten, also konstruktiven Umgang mit Fehlern zu pflegen.
- die bewahrenden und nach Neuem strebenden Kräfte im Alltag zu begleiten, denn beide verlangen nach Beachtung und Wertschätzung.
- gezielt am gewünschten Ist-Zustand zu arbeiten.
- eigene Visionen mit Blick auf die Kita-Kultur und Fehlerkultur zu entwickeln und zu vermitteln.
- alle Beteiligten ins „Boot“ zu holen und mit Widerständen konstruktiv umzugehen.
- diplomatisch Fehler anzunehmen und geschickt Ressourcen und Unterstützung anzubieten.
- regelmäßige Feedbackschleifen einzubauen.
- gemeinsam Erfolge einzufahren, und somit zu „ernten“.
- …

Der Gärtner fragt:

Welche Herausforderungen würden Sie noch gern ergänzen?

- Auf welche Herausforderungen sind Sie in Ihrer Kita schon gestoßen? Vervollständigen Sie meine Liste und überlegen Sie weiter, welche Stolpersteine Ihnen auf dem Weg hin zur Fehlerfreundlichkeit begegnen könnten.
- Hätten Sie schon Ideen, wie Sie diese Stolpersteine aus dem Weg räumen könnten? Wobei bräuchten Sie Hilfe oder Unterstützung? Und wer könnte Ihnen diese geben?

In Zyklen denken

Ein_e Obstgärtner_in denkt immer in Zyklen – „von Ernte zu Ernte“ –, da er/sie weiß, dass nicht alles auf einmal erreicht werden kann. Auch daran können Sie sich als Führungskraft orientieren. Denn während die/der Gärtner_in die Früchte pflückt, trifft sie/er bereits Vorbereitungen für die nächste Ernte! Dabei vertraut sie/er auf den Baum, dass dieser nach der nächsten Blüte wieder Früchte tragen wird, sowie den Reifungsprozess, der der Ernte vorweg geht. Denn Obstgärtner_innen erfreuen sich an ihren Bäumen, im Wissen darum, dass der Baum erst erblühen muss, um eine reiche Ernte zu generieren. In der Kita denken Führungskräfte mit Blick auf Prozesse, Projekte, Aktionen oder Feste oft andersherum: Das Genießen, die Lust und Freude scheint erst angebracht zu sein, wenn alles getan und erfolgreich umgesetzt ist. Dabei ist das Tun verbunden mit dem Vertrauen in den Prozess genauso wichtig, wie die Vorfreude auf den Stolz, wenn alles gut gelungen ist. Beide beflügeln die Leistungs- und Ertragsfähigkeit (vgl. Nöllke).

Vertrauen als Kernressource

Gärtner_innen vertrauen ihren Pflanzen, weil sie ein Bild von ihrem Garten bereits im Kopf haben und alles dafür tun, dass es ihren Pflanzen gut ergeht. Führungskräfte in den Kitas sollten es ihnen gleichtun. Menschen entfalten sich am besten, wenn sie ihre Fähigkeiten und Stärken entsprechend ihren Möglichkeiten, Interessen und Bedürfnissen einsetzen können. Menschen genießen es, wenn sie etwas bewirken können. Selbstwirksamkeit ist ein starker Motor für Entwicklung und Wachstum. Hingegen verkümmern Mitarbeiter_innen, wenn man ihnen jede Möglichkeit nimmt, etwas zu bewirken. Führungskräfte in Kitas sollten dafür Sorge treffen, dass ihre Mitarbeiter_innen eigene Handlungsspielräume zur Verfügung stehen, auf dass sie diese ausfüllen und für sich nutzen können, um Selbstwirksamkeitserfahrungen zu sammeln. Nichts entscheidet mehr darüber, wie Mitarbeiter_innen ihre Fähigkeiten und Fertigkeiten in der Praxis der Kita proaktiv anwenden, als ihre eigenen Selbstwirksamkeitserwartungen.

Der kanadische Wissenschaftler Albert Bandura hat den Begriff der Selbstwirksamkeitserwartung (eng.: *Self-Efficency Beliefs*) in den 1970er Jahren geprägt.

Im Kern geht es bei der Selbstwirksamkeit um die persönliche Überzeugung, selbst schwierige Aufgaben, Herausforderungen oder Probleme durch eigenes Handeln wirksam bewältigen zu können. Selbstwirksamkeit bedeutet also, darauf zu vertrauen, eine Handlung erfolgreich ausführen zu können (vgl. Karrierebibel.de).

Selbstwirksamkeitserwartungen lassen sich in unterschiedliche Schwierigkeitsgrade, nach ihrer Stärke sowie ihrer Allgemeinheit unterscheiden. Der Schwierigkeitsgrad ergibt sich aus der jeweils angesprochenen Anforderungssituation. Die Stärke ist dann besonders ausgeprägt, wenn auch wiederholte Misserfolge nicht zu einem Abbau der Selbstwirksamkeitserwartung führen (vgl. spektrum.de).

Wollen Sie als Führungskraft also einen bunten, vielfältigen, schönen und gesunden Garten, sollten Sie dafür sorgen, dass Ihre Mitarbeiter_innen selbstwirksam werden können, da die Selbstwirksamkeit stark mit dem Selbstbewusstsein eines Menschen verknüpft ist. Daher glauben Menschen mit einem hohen Maß an Selbstwirksamkeit an sich selbst und die eigenen Kompetenzen. Sie sind fest davon überzeugt, etwas durch ihre Entscheidungen und Verhaltensweisen, Kompetenzen, Fertig- und Fähigkeiten bewirken zu können. Für pädagogische Fachkräfte ist diese Überzeugung fast immer der Motor, sich für den Erzieherberuf zu entscheiden.

3.5 Mein Team – mein Garten

Unterschiedliche Pflanzen brauchen unterschiedliche Bedingungen – oder im Schottergarten wird die Natur „totkultiviert“.

Teams sind, realistisch betrachtet, ein Organismus, der sich – wie ein Garten – erst einmal entwickeln muss. Eine Führungskraft sollte daher nicht zwangsläufig jede Arbeitsgruppe oder formal definierte Gruppe sogleich als „Ihr Team“ bezeichnen. Die Entwicklung von Teams geht nicht linear, zielstrebig und mit immer größerer Effizienzsteigerung vor sich. Das Team muss vielmehr heranreifen, wachsen – gar zusammenwachsen – und die Möglichkeit haben, sich zu entwickeln. Und so, wie in allen Arbeitsgruppen, gibt es auch in Kita-Teams Phänomene wie Neid, Unstimmigkeiten, Missgunst und Antipathie, können sich Mitarbeiter_innen, wie in der Mischkultur auch, nicht immer „riechen", kommen sich „ins Gehege" oder mögen sich schlichtweg nicht. Viele Leitungskräfte und auch pädagogische Fachkräfte berichten daher, dass es in ihrem Kollegenkreis „schwierige Mitmenschen", „exotische oder spezielle Pflänzchen" gibt. Gemeint sind Menschen, die anecken, entweder sehr offen und brutal ehrlich sagen, was sie denken oder mit ihrer Meinung so lange hinter dem Berg halten, bis es kracht. Die Zusammenarbeit führt in einem Team so sehr oft zu Problemen, die den Work-Flow, die Atmosphäre, das Wohlbefinden und somit auch die Leistung des ganzen Teams stark beeinflussen, bisweilen sogar so stark herabsetzen, dass sich ganze Teams nur noch um sich selbst drehen und Kinder wie Eltern, samt Bildungsauftrag, gleichermaßen aus den Augen verlieren. Im schlimmsten Fall führen diese Entwicklungen dann nicht nur zu Ärger und Streit, sondern zu Angst, Wut, Rivalität, Intrigen und schlimmstenfalls zu solch heftigen Konflikten, an dessen Ende eine Kündigung oder eine „Flucht" aus dem Team steht.

Und da wir einen Großteil unseres Lebens, bis zu 80.000 Stunden, mit Kolleg_innen am Arbeitsplatz verbringen, sollte jede Führungskraft und auch jede pädagogische Fachkraft sehr darum bemüht sein, erfolgreich mit den anderen im Team zusammenzuarbeiten. Denn Arbeitszeit ist Lebenszeit und damit Zeit, die Leitungskräfte sowie auch pädagogische Fachkräfte in Teamsituationen verbringen.

Team – Eine Begriffsschärfung

Die Begrifflichkeit „Team" stammt aus dem Altenglischen und bedeutet so viel wie: Familie, Gespann, Nachkommenschaft und bezeichnet einen Zusammenschluss von mehreren Personen zur Lösung einer bestimmten Aufgabe oder zur Erreichung eines bestimmten Zieles. Im Alltag wird der Begriff häufig in verschiedensten Bedeutungen angewandt, wie z. B. beim Sport, bei Projekten, die es umzusetzen gilt, oder auch in Schul- und Arbeitsgemeinschaften. Diese vielseitigen Verwendungen führen bei der Einführung und Umsetzung von Teamprozessen oftmals zu Problemen und Missverständnissen, da jeder eine unterschiedliche Auffassung und Assoziation der Begrifflichkeit verinnerlicht hat (vgl. Haug 2009).

Jon Katzenbach und Douglas Smith beschreiben Teams so:

> „Ein Team ist eine kleine Gruppe von Personen, deren Fähigkeiten einander ergänzen und die sich für eine gemeinsame Sache, gemeinsame Leistungsziele und einen gemeinsamen Arbeitsansatz engagieren und gegenseitig zur Verantwortung ziehen". (Katzenbach/Smith 1993)

Jeder kennt den Begriff „Team", da er in der heutigen Arbeitswelt allgegenwärtig ist. Die einen lieben die Arbeit im Team, andere scheuen sie, da sie Einzelkämpfer oder „Eigenbrötlerinnen" sind. Wenn wir das Kita-Team wie einen Garten betrachten, macht die Arbeit im Team nur Sinn, wenn bestimmte Faktoren vorhanden sind, wie Sie schon in den beiden vorangegangen Kapiteln lesen konnten. Dennoch möchte ich hier noch einmal darauf eingehen. Denn was macht ein gutes Team aus?

Der Gärtner fragt:

Wie definieren Sie Team und noch spezieller gute Teamarbeit?

- Notieren Sie kurz, welche Eigenschaften Ihnen dazu einfallen.
- Und was glauben Sie brauchen Teams, um gut miteinander arbeiten zu können?
- Notieren Sie Ihre „Big Five", also die für Sie wichtigsten fünf Erfolgskriterien, damit gute Teamarbeit gelingt.

Zunächst einmal: Ein gutes Team fällt nicht einfach „vom Himmel". Es reift auch nicht über Nacht heran. Vielmehr ist eines sicher: Ein gutes Team zu formen und dann kontinuierlich weiterzuentwickeln ist ein stetiger, kontinuierlicher, manchmal jahrelanger Entwicklungsprozess und manchmal ein Kunststück, was Gärtner_innen viel Arbeit und Einsatz abverlangt.

Angesichts meiner langjährigen Erfahrungen mit Teamprozessen und bei der Begleitung von Teams, die (noch) keine waren, erscheint es mir wichtig, hier die wichtigsten Mindest-Faktoren und die fünf entscheidenden Erfolgsfaktoren klar zu benennen, die gute Teamarbeit ausmachen.

Mindest-Faktoren

Gemeinsame Ziele

Es braucht immer gemeinsame Absprachen und vor allem Ziele, die im Team gemeinsam erarbeitet wurden und die zudem schriftlich formuliert und fixiert werden. Für Sie als Führungskraft bedeutet dies, für eine gute, faire und transparente Aufteilung der Aufgaben, die sich aus den Zielen ableiten, zu sorgen sowie für das Erreichen der festgelegten Ziele entsprechende Teamprozesse zu initiieren. Ohne die ist die koordinierte und strukturierte sowie erfolgreiche Ausrichtung der Aktivitäten nicht möglich.

Zusammenarbeit

Um ein wirkungsvolles Team zu bilden, braucht es neben ausreichender Motivation und guter Organisation vor allem passende Rolleneinteilungen entsprechend den unterschiedlichen Teamtypen und Charakteren (Pflanzenvielfalt) sowie eine angemessene Aufgabenverteilung entsprechend den Talenten, Potenzialen, Fertig- und Fähigkeiten sowie Fachkenntnissen der einzelnen Mitarbeiter_innen. Auch ein insgesamt respektvoller Umgang, ehrliche Transparenz sowie eine gelebte konstruktive Feedback- und Fehler-Kultur sind wichtige Grundlagen. Ein gutes Team erkennt, würdigt und nutzt die Stärken einer jeden Fachkraft. Gemeinsame Fähigkeiten, Erfahrungen und Wünsche können vor dem Hintergrund eines solchen Verständnisses von Zusammenarbeit gewinnbringend eingebracht werden.

Spaß bei und Freude an der Arbeit

Die Erziehung und Bildung von Kindern sowie die Zusammenarbeit im frühkindlichen Bereich ist zwar eine ernst zu nehmende Sache, jedoch müssen nicht alle am Prozess Beteiligten auch immer ernst sein! Humor und gemeinsamer Spaß lockern auf, lösen Spannungen und unterstützen bzw. fördern das Zugehörigkeitsgefühl. Allerdings braucht es keine „Clownerie“ oder Schadenfreude auf Kosten anderer. Dies sind langfristig Bremsklötze oder „Schädlinge“, die das konstruktive Miteinander ausbremsen und die Zusammenarbeit lähmen.

Und dann braucht es noch eine offene und ehrliche sowie respektvolle Kommunikation, das Einhalten der gemeinsam getroffenen Entscheidungen, die Bereitschaft sich gegenseitig zu unterstützen und klare Verantwortungsbereiche.

Patrick Lencioni beschreibt zudem in seinem Buch „Die fünf Dysfunktionen“, wie Teams auf Dauer „krank“ werden bzw. welche Faktoren Teams lähmen und jedes Team zerstören. Meiner Garten-Metapher folgend, müssen gute und achtsame Gärtner_innen darauf achten, wie sie ihre Beete bepflanzen und mit ihren Pflanzen umgehen, damit diese nicht krank werden und stattdessen wachsen, reifen und gute Ernten hervorbringen. Denken Sie zurück, was ich über die Mischkulturen geschrieben habe. Diesem Gedanken folgend, gibt es somit Erfolgskriterien, wann und wie Pflanzen besonders ertragreich werden. Ähnliche Erfolgskriterien gibt es auch für Teams.

3.6 Erfolgskriterien für Teams

Vertrauen

Vertrauen ist die wichtigste Säule in der Teamarbeit. Wenn Sie als Führungskraft dafür sorgen, dass Vertrauen gezielt gefördert und gestärkt wird, kann es nur gut werden. Denn in einem Team, in dem Vertrauen herrscht, gelingt die Verständigung – das Miteinander – oft auch ohne große Absprachen. Zudem gibt es weniger Stress – und wenn doch, dann löst man ihn im Idealfall gemeinsam auf. Selbst bei größeren Herausforderungen wie Personalmangel oder Ärger mit den Eltern bleiben diese Teams arbeits- und problemlösungsfähiger als andere.

Faktoren, die das Vertrauensverhältnis stabilisieren sind z. B.

- Transparenz und Offenheit bei Absprachen und Entscheidungen sowie der Umsetzung,
- gesicherter, zuverlässiger Informationsfluss mit allen Teammitgliedern,
- Zuhören bei persönlichen Dingen und Einhalten der Verschwiegenheit,
- Verzicht auf Kontrolle bei der Ausführung von Aufgaben und Nachkontrolle bei der Übertragung von Verantwortung.

Konstruktive Konfliktkultur

Konflikte gehören zum Leben. Dabei geben Emotionen Orientierung und sind Wegweiser – für jeden Einzelnen sowie auch für das ganze Team. Manchmal sind Emotionen jedoch sehr stark und überwältigend. Wenn sich dann ein Konflikt anbahnt und nicht ernst genommen wird oder zu lange schwelen kann, weitet er sich immer mehr aus. Zuerst wird die Kommunikation ineffektiv, da wichtige Informationen nicht mehr weitergeleitet werden und es zu Fehlern kommt. Danach leidet nicht nur die Qualität der Arbeit, sondern langfristig auch die Gesundheit der Menschen. Kollegiale Zusammenarbeit ist ein gutes Fundament, eine konstruktive offene Konfliktkultur, die sich in einer positiven Streitkultur zeigt, ein Garant für gute Teamarbeit. Leider haben viele Menschen nicht gelernt, positiv zu streiten und mit Konflikten proaktiv umzugehen. Als Führungskraft können Sie Ihr Team dabei unterstützen, indem Sie

- es unterbinden, dass Teammitglieder hinter jemandes Rücken übereinander reden und lästern. Positionieren Sie sich hier ganz eindeutig.
- Konflikte präventiv angehen, d. h. Potenziale für die Entstehung von Konflikten früh erkennen und direkt ansprechen. Anzeichen dafür können z. B. sein,
  - dass die Mitarbeiter_innen nicht mehr offen miteinander, sondern nur noch hinter jemandes Rücken übereinander reden.
  - dass Mitarbeiter_innen nur noch „Dienst nach Vorschrift" machen. Dies erkennen Sie an Desinteresse, mangelnder Beteiligung, etwa bei Teamsitzungen oder bei der Erledigung von Aufgaben, indem nur noch das Nötigste getan wird.
  - dass Fehler sich häufen und ständig wiederholen.
  - dass eine emotional brisante Stimmung im Team herrscht. Dies erkennen Sie daran, dass einige Mitarbeiter_innen bei bestimmten (Streit-) Themen schnell laut, aggressiv, wütend oder „bockig" reagieren und die Argumente oft über die Sachebene hinausgehen und das Gegenüber auf der persönlichen Ebene treffen sollen.
  - dass es zwischen zwei oder mehreren Mitarbeiter_innen wiederholt zu Sticheleien oder Intrigen kommt.
- Sie sollten bei bestehenden Konflikten neutral bleiben, den Konflikt moderieren und die Gestaltung von Veränderungen begleiten,
- sofortige Unterstützung bei schwierigen Gesprächen anbieten und
- die Selbstführung und Selbstverantwortung Ihrer Teammitglieder stärken.

Verbindlichkeit

Jedes Team – und noch weiter gefasst – jede Kita wird grundsätzlich durch Strukturen beeinflusst. Um ein Team erfolgreich zu führen, vor allem dann, wenn es im Team nicht so rund läuft, müssen verschiedene Einflussgrößen mit den damit verbundenen Wechselwirkungen berücksichtigt werden. Neben klaren Zielen, die vereinbart werden müssen, einem Zeitrahmen, braucht es auch entsprechende Methoden ebenso wie einen guten Kommunikationsstil, vor allem aber Verbindlichkeit. Verbindlich zu sein bedeutet, zuverlässig zu sein! Das zeigt sich im Team, indem sich alle an Absprachen und Vereinbarungen halten und vor allem auch darin, dass Sie als Führungskraft das tun, was sie sagen. Die dadurch entstehende Glaubwürdigkeit führt wiederum zu Vertrauen (vgl. Gragert o. J.).

Faktoren, die für Verbindlichkeit sorgen:

- Stärken Sie das Verantwortungsbewusstsein im Team dadurch, dass Sie einfordern, dass nicht einzuhaltende Termine frühzeitig abgesagt oder zugesagte Aufgaben pünktlich erledigt werden.
- Achten Sie generell auf Pünktlichkeit, Zuverlässigkeit und das Einhalten von Absprachen. Das verhindert Unzufriedenheit und Unmut.
- Achten Sie auf regelmäßige Teamsitzungen oder Blitzrunden für Austausch, denn durch wenig direkten Kontakt in der Zusammenarbeit kann mehr Unverbindlichkeit entstehen.
- Halten Sie zugesagte Versprechungen, denn verbindlich zu sein heißt, Verantwortung für die eigenen Zusagen zu übernehmen. Wichtig: Entscheiden Sie vorher, was Sie als Führungskraft leisten können. Sie müssen nicht jedem entsprechen oder gefallen. Daher ist es wichtig, dass Sie Vertrauen in sich selbst haben und auch für sich selbst Verantwortung übernehmen. Es ist besser, wenn Sie keine Zusagen machen, als wenn Sie sie nicht einhalten können.
- In Eigenverantwortung gelebte Verbindlichkeit lässt Vertrauen entstehen und verbindet das Team, auch wenn Sie nicht jeden Wunsch erfüllen können (vgl. Gragert o. J.).

Verantwortung

Für alle Teams wird das Thema „Verantwortung“ immer wichtiger, denn die Teamleistung ist nur dann abrufbar, wenn alle ihre Aufgaben verantwortungsvoll erledigen, sich an Absprachen halten und leistungsfähig bleiben. Und das geht nur, wenn jeder im Team bereit ist, für das eigene Handeln und die eigenen Entscheidungen Verantwortung zu übernehmen.

Verantwortung zu übernehmen, bedeutet daher eben nicht, nur frei in den eigenen Entscheidungen zu sein, sondern auch mutig zu sein, für gemachte Fehler einzustehen. Und ja, kein Mensch und somit auch keine Führungskraft kann immer alles unter Kontrolle haben. Dies gilt nicht nur mit Blick auf mögliche Fehlentscheidungen, sondern auch im Hinblick auf die Reaktionen anderer (vgl. Gragert).

Faktoren, die für mehr Verantwortungsbereitschaft sorgen:

- Verantwortung für Zusagen übernehmen,
- Entscheidungen treffen und für diese geradestehen,
- mögliche Fehlentscheidungen offen ansprechen und korrigieren,
- Entscheidungen nur im Einklang mit seinen Fähigkeiten und seiner Persönlichkeit zu treffen,
- Verantwortung für sein Handeln und auch für sein Nicht-Handeln übernehmen („Tu es oder tu es nicht – beides hat Auswirkungen."),
- das Team zum Hinsehen und Ansprechen motivieren sowie ermutigen, eine Kultur des Wegsehens und Verschweigens von Anfang an zu unterbinden.
- Stärken Sie Ihre Mitarbeiter_innen darin, auch in schwierigen Situationen Verantwortung zu übernehmen und Sie als Vorgesetzte rechtzeitig darüber zu informieren, wenn etwas schiefläuft oder in die „Schräglage" gerät.
- Unterstützen Sie Ihre Mitarbeiter_innen darin, Ihnen rechtzeitig eine Rückmeldung zu geben, wenn Ziele nicht erreicht oder Aufgaben nicht entsprechend den Absprachen umgesetzt werden können.

Ergebnisorientierung

Ergebnisorientierung meint, dass alle, Mitarbeiter_innen wie auch die Führungskraft, ihre Kräfte auf konkrete Ziele hin bündeln und konzentrieren können. Der gemeinsame Wille, zusammen zu guten Ergebnisse zu kommen, und die Fähigkeit, die vereinbarten Ziele auch umzusetzen, sind dann der Schlüssel für Teamerfolge. Gute gemeinsame Ergebnisse sind die Voraussetzung für eine lange gelingende Zusammenarbeit. Entscheidend ist dabei die innere Haltung.

Ergebnisorientierung und Leistung allein reichen jedoch auf Dauer nicht aus, um ein Team zufrieden und erfolgreich zu machen. Was zählt ist das Miteinander und das Erreichen der gemeinsamen Ziele.

Faktoren, die die Ergebnisorientierung stabilisieren:

- Führen Sie regelmäßig (mindestens einmal im Jahr) ein Mitarbeitergespräch mit jedem einzelnen Mitarbeiter, jeder einzelnen Mitarbeiterin durch, um konkrete Ziele zu vereinbaren. Dieses wichtige Instrument sorgt für Transparenz und Messbarkeit, um den persönlichen Erfolg mit der Weiterentwicklung der Kita zu verknüpfen.
- Unterstützen Sie Ihre Mitarbeiter_innen bei ihrer Zielerreichung, indem Sie entsprechende Rahmenbedingungen oder Unterstützungsangebote schaffen und anbieten.
- Unterstützen Sie die Mitarbeiter_innen auch darin, persönliche Misserfolge als Ansporn zum Weitermachen anzunehmen und
- sprechen Sie Ihre Mitarbeiter_innen gezielt darauf an, wenn sie sich nicht an die gemeinsam vereinbarten Regeln, Absprachen und Aussagen halten.

Zum Schluss habe ich die fünf wichtigsten „Erfolgsmerkmale“, die gute Teamarbeit ausmachen, sowie die „Krankheiten“, die ein Team befallen können, in „Pyramiden“ für Sie zusammengefasst und gegenübergestellt.

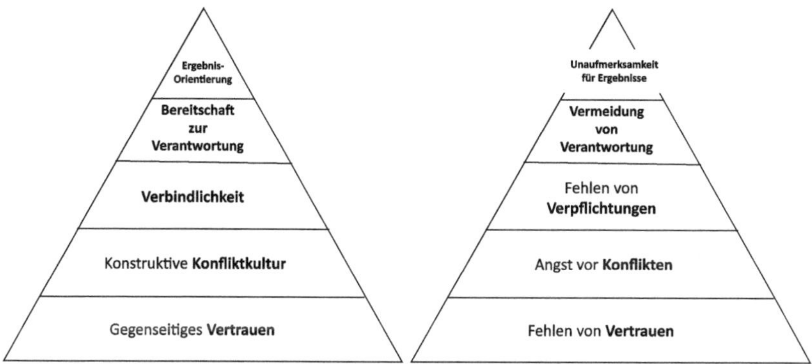

Abbildung 5: Ursula Günster-Schöning, nach Lencioni

Wenn Sie sich weiter mit dem Thema „Teamentwicklung“ auseinandersetzen wollen, empfehle ich Ihnen das Buch von Patrick Lencioni. Er hat mit seiner Teampyramide und dem damit verbundenen Teamfragebogen eine gute Möglichkeit geschaffen, potenzielle Entwicklungsfelder für ein Team aufzuzeigen. Im Literaturverzeichnis finden Sie darüber hinaus weitere Buchempfehlungen zu diesem Themenschwerpunkt.

Die Gärtnerin fragt:

- Was nehmen Sie aus den vorangegangenen Seiten für sich mit?
- Welcher Aspekt hat Sie zum Innehalten, zum Nachdenken motiviert?
- Würden Sie gern in der Art des Miteinanders, der Zusammenarbeit im Team etwas verändern oder weiterentwickeln?
- Woran würden Sie erkennen, dass ein Teamentwicklungsprozess oder ein Teambuilding sinnvoll wäre?

3.7 Der gewählte Gartentyp ist kein Zufall

> „Ein Garten ist niemals fertig (…) Ein Garten ist für uns kein fertiges Endprodukt, sondern ein fortlaufender Prozess des Wachsens, Werdens und Vergehens. Gärtnern bedeutet nicht nur pflanzen, zu hegen und zu pflegen, sondern auch die Pflanzen zu beobachten und über den Garten nachzudenken. Alle Sinne sind dabei gefordert und so bedeutet „gärtnern" eine dauerhafte Anforderung an die geistige Spannkraft und ebenso – manchmal unter Ächzen und Stöhnen – an die körperliche Fitness." (Lucenz/Bender 2018, S. 1)

Auch beim Führen sind alle Sinne gefordert und bedarf es „einer dauerhaften Anforderung an die geistige Spannkraft" und ebenso muss manchmal, wie beim Gärtnern auch, unter Ächzen und Stöhnen mit angepackt, müssen Dinge bewegt und Aufgaben erledigt werden. Und je nach Gärtnerin bzw. Führungskraft nimmt der Garten dann nach und nach Gestalt an, wird zum Nutz- oder Rosengarten, dient einem künstlerischen, spirituellen oder therapeutischen Zweck, kommt als Zier-, Klein- oder botanischer Garten daher (Lucenz/Bender 2018).

Wenn wir die Führung eines Teams mit der Arbeit einer Gärtnerin vergleichen, sollten wir uns auch mit den verschiedenen Gartentypen auseinandersetzen. Denn weder gleicht ein Garten dem anderen – ein Team einem anderen Team – noch der/die Gärtner_in dem/der anderen. Und so ist jeder Garten anders strukturiert und aufgebaut, sind der/dem jeweiligen Gärtner_in andere Aspekte wichtig.

Die verschiedenen Garten-Typen

Mein Team als Haus- oder Nutzgarten

Im „Haus- oder Nutzgarten“ gibt es Beete mit Blumen und Gemüse sowie Bäume, Sträucher, Hecken und Rasen, denn der traditionelle Hausgarten ist meistens sehr bunt, funktional und heterogen. Zudem bringt er reichen Ertrag. Solche Teams „schaffen was weg“, stellen Projekte und vielfältige Aktionen auf die Beine, Eltern wie Kinder können viel ernten. Um die große Vielfalt an Sträuchern, Blumen und Gemüse kümmert sich der/die Gärtner_in aktiv, pflegt und hegt, sehr bodenständig, pragmatisch und hartnäckig. Er/sie denkt bei seinem Garten langfristig und in zeitlichen Zyklen und schützt das Team mit dem Gartenzaunprinzip. So fühlt sich der/die Gärtner_in für alles zuständig, was sich innerhalb des Zauns befindet. Das Team schätzt den Zaun, weil ein Zaun klare Grenzen zieht und gleichzeitig sehr durchlässig ist (vgl. Nöllke 2019).

Mein Team als Klostergarten

Teiloffenes oder ganz offenes Arbeiten, Arbeiten in Funktions- oder Werkstatträumen findet man häufig im „Klostergarten“. Er kann Kinder, Eltern und Team inspirieren, wie sich die unterschiedlichen Räume für Innovation und Kreativität gestalten lassen. Mitarbeitende müssen wissen, wo ihr Beet ist, um Wurzeln schlagen zu können, und gleichzeitig brauchen sie den täglichen Austausch mit denen, die sie auf neue Gedanken bringen. Daher herrscht in einem Klostergarten oft das Prinzip „Mischkultur“, also des Trennens und Mischens, denn die Talente, Fertig- und Fähigkeiten sowie auch Potenziale der Mitarbeitenden sind sehr verschieden und divers. Unverträgliche Gewächse, also jene, die sich unten wie oben ins Gehege kommen oder sich nicht riechen können, sollten sich im Klostergarten nicht zu nahekommen. Und dennoch können sich die sehr unterschiedliche Gewächse ergänzen, gemeinsam neue Fähigkeiten entwickeln und voneinander profitieren (vgl. Nöllke 2019).

Mein Team als Senkgarten

Der Senkgarten vereint auf engstem Raum höchst unterschiedliche Charaktergewächse und herausfordernde Sorten. Durch die terrassenförmige Anlage entstehen Zonen mit eigenem Mikroklima, das die sensiblen Gewächse schützt, indem z. B. die robusten Pflanzen die sensiblen Pflanzen vor Zugluft, zu viel Sonne oder Wasser schützen, damit auch diese eine Chance haben – selbst, wenn das Klima eher ungünstig ist, was ihnen das Gedeihen, Wachsen und Reifen schwer macht. Drei Gruppen sollten in jeder Kita, wie anderen Unternehmen auch, vor allem Schutz erfahren: Es sind die eigenwilligen Kreativen, die hochsensiblen oder neuen jungen Pflänzchen sowie die gutmütigen Unterstützerinnen. Die einen brauchen ihre Spielwiese und einen festen Rahmen, die anderen brauchen Anerkennung und Unterstützung und die Gutmütigkeit der Unterstützer darf nicht ausgenutzt werden (vgl. Nöllke 2019).

Mein Team als botanischer Garten

Der „botanische Garten" beherbergt die unterschiedlichsten Pflanzen, Blumen und Gewächse aus aller Welt. In ihm findet jede Pflanze ihren Platz, kann sich entfalten und aufblühen. Da jede Pflanze so sein darf, wie sie ist, ist der Garten besonderes bunt und alle Gewächse kooperieren miteinander. So setzen sie sich gemeinsam nicht nur gegen Schädlinge und Konkurrenten durch, sondern helfen und unterstützen sich auch bei herausfordernden Eltern. Alle Pflanzen bringen ihre unterschiedlichen Kulturen, Erfahrungen und Kompetenzen ein und haben so unzählige Formen der Kooperation entwickelt: Sie teilen zudem ihre Ressourcen, unterstützen sich gegenseitig und werden nicht „von oben", der/dem Gärtner_in gesteuert, sondern von ihren Wurzeln aus. Ändern sich die Lebensbedingungen, ändern sie auch die Spielregeln und das Miteinander innerhalb ihres Gartens (vgl. Nöllke 2019).

Mein Team als Waldgarten

Beim „Waldgarten" stehen Ökologie und Nachhaltigkeit im Vordergrund. Die Grundidee: Es dürfen nicht mehr Bäume geschlagen werden als nachwachsen können. Nachhaltige Teams setzen sich mit neuen zukunftsorientierten Werten auseinander und leben Kindern das vor, was diese bestenfalls mit in die Zukunft übernehmen, wie etwa die Werte „Reparieren und Erhalten" oder „statt Mülltrennung, lieber Müllvermeidung". Im Waldgarten folgt der/die Gärtner_in daher drei wesentlichen Maximen, die ihm/ihr besonders wichtig sind: den maßvollen Umgang mit Ressourcen (die Mitarbeitende und auch sich selbst als Führungskräfte nicht ständig überlasten), die langfristige Perspektive (Mitarbeiter binden und die junge Führungskraft langfristig aufbauen) sowie die „Mehr-Generationen-Kita", in der erfahrene Mitarbeiter_innen mit jungen Kolleg_innen eng und ausgewogen zusammenarbeiten (heterogene Altersmischung) (vgl. Nöllke 2019).

Mein Team als Guerilla-Garten

Der „Guerilla-Garten“ ist eine Art „Graswurzelbewegung“, denn die Zusammensetzung im Beet und Garten sprengt die Grenzen der klassischen Gärten. Die Wildnis soll zum Garten werden. Engagierte Mitarbeitende legen kleine spezielle Garten-Oasen an, ohne dabei um Erlaubnis zu fragen. Sie sehen den Stadtteil als großes Ganzes an und legen Wert auf kommunale sowie regionale Vernetzung, folgen einer Nischen-Strategie und fühlen sich einem Leitwert verpflichtet: ihren Stadtteil, neben der Kita selbst, für alle lebenswerter zu machen. Das zeigt, welches Engagement Menschen entfalten, wenn sie Ziele verfolgen, die ihnen sinnvoll erscheinen (vgl. Nöllke 2019).

Die Gärtnerin fragt:

- Und, haben Sie Ihr Team wiederentdeckt? Passt es zu einem der beschriebenen Gartentypen?
- Wenn nein, dann denken Sie sich doch einen eigenen Gartentyp für Ihr Team aus und beschreiben es aus Sicht einer Gärtnerin.
- Welchen Gartentyp hätten Sie am liebsten? Und was wären erste Schritte, um da hinzukommen? Vielleicht ist ja ein Garten- bzw. Teamentwicklungsprozess genau das richtige?

Und falls kein Gartentyp Ihrem Team entspricht, hier noch weitere Gartentypen für Sie zur Inspiration:

Anzuchtgarten, Apothekergarten, Bauerngarten, Baumgarten, Berggarten, Biergarten, Biogarten, Blumengarten, Dachgarten, Duftgarten, Gehölzgarten, Gemüsegarten, Hochseilgarten, Hofgarten, Irrgarten, Kapellengarten, Klanggarten, Korallengarten, Kräutergarten, Küchengarten, Lustgarten, Museumsgarten, Nachbargarten, Naturgarten, Nutzgarten, Obstgarten, Palmengarten, Paradiesgarten, Pfarrgarten, Rosengarten, Schlossgarten, Schrebergarten, Sitzgarten, Sprunggarten, Stadtgarten, Steingarten, Strohballengarten, Terrassengarten, Vorgarten, Wassergarten, Weingarten, Wintergarten, Zaubergarten, Zengarten, Ziergarten …

Kapitel 4:
Die Kultivierung des Teams

Quelle: AdobeStock 272171703

„Dass etwas schwer ist, muss ein Grund mehr sein, es zu tun.“
Rainer Maria Rilke

4.1 Teamentwicklungsprozesse etablieren

Warum muss auch ein Team hin und wieder „kultiviert“ werden? Und inwieweit ist dabei ein Teamentwicklungsprozess sinnvoll? Geht es nur um gute Ergebnisse und Effizienz? Oder soll er das Team motivieren, einen neuen Teamgeist entwickeln?

Wer sich schon einmal als Leitungskraft mit dem Thema „Teamentwicklung“ auseinandergesetzt hat, weiß: Da steckt noch viel mehr dahinter!

Als Führungskraft kommen Sie möglicherweise irgendwann an den Punkt, an dem Sie erkennen: Ich komme mit meinem Team allein nicht mehr weiter, trete auf der Stelle oder spüre nur noch Widerstand. Guter Wille allein genügt dann nicht mehr, um eine Weiterentwicklung zu ermöglichen. Jetzt muss der/die Gärtner_in Hand anlegen, um den „wilden Garten wieder neu zu kultivieren“. Lassen Sie mich wieder in meine Garten-Metapher einsteigen, um auf das Thema Teambildung überzuleiten.

Fast schon „verwildert“ oder positiver ausgedrückt, geheimnisvoll, ursprünglich, gar wild war dieser Garten, aber in seinem Zustand leider nicht mehr wirklich nutzbar. Die Sträucher, Pflanzen, Beete und Bäume bekamen kaum mehr Licht durch den sich über den ganzen Garten breitmachenden wilden Efeu, der das ganze Terrain mit seinen langen Fangarmen umwoben und selbst die Bäume umschlungen hatte. Daher galt es, den Garten zu kultivieren, gar zu entrümpeln, um neue Beete anzulegen und ihm wieder eine Struktur zu geben. … aber wo und wie fängt man da bloß an?

Den wilden Efeu entfernen? Ja! … Teile ganz sicher!
Hölzer, Abfall und Gerümpel zusammensammeln und entsprechend entsorgen, Rasenflächen mähen und fräsen, neue Beete anlegen, Gemüse säen und Blumen umtopfen sowie neu auspflanzen. Auch war es wichtig, ganz neue Pflanzen und Stauden anzupflanzen. Und im Garten neue Entdeckungen zu machen, da in den letzten Jahren einiges, wie z. B. die Duftrosen, Kräuter und vieles andere überwuchert wurde. (vgl. himmlische-saaten.de)

So drastisch muss es in einem Teamentwicklungsprozess ja nicht hergehen, dass Pflanzen herausgerissen und entsorgt werden müssen. Doch manchmal warten Gärtner_innen zu lang, erkennen die Bedrohung erst zu spät. Lassen Sie es nicht dazu kommen und nutzen Sie das, was viele erfolgreiche Teams für sich schon lange entdeckt haben: Regelmäßiges Teamcoaching oder eine gezielte Prozessbegleitung, gar eine gut vorbereitete „Kultivierung“, also einen systemischen Teambildungsprozess. Dieser klärt und sorgt für frischen Wind und setzt zudem Potenziale frei.

Aus meiner langjährigen Erfahrung mit Prozessbegleitungen und Teambildungsprozessen, die ich planen und auch begleiten durfte, kann ich sagen: Alle führten zu proaktiven Veränderungen und guten (Qualitäts-)Weiterentwicklungen. Natürlich braucht es dazu Mut, Zeit und auch Kraft, Prozesse angehen zu wollen, und daher müssen auch alle im Team richtig zu- und mit anpacken, muss das Vorhandene auf den Prüfstand, gemeinsam ausgelotet werden, was man wie verändern oder weiterentwickeln will. Und analog einem Garten, gibt es auch in Kitas Dinge, die des Aufhebens wert sind und im neuen kultivierten Garten ihren Platz finden sollen. Bei Teamprozessen ist es genau so! Deshalb lohnen sich solche, manchmal sehr mühsamen und auch kräftezehrenden Prozesse immer, denn danach erstrahlt der Garten und auch das Team in neuem Glanz.

Wenn Sie sich nun fragen, wann eine Prozessbegleitung oder ein Teambildungsprozess angemessen und mit Sicherheit richtig ist, kann ich Ihnen folgende Hinweise geben, denn letztendlich sollten Sie es gemeinsam mit Ihrem Team entscheiden. Sind Sie jedoch davon überzeugt und „brennen“ dafür, lässt sich auch das Team schnell „anstecken“.

4.2 Wann macht ein Teamprozess Sinn?

Eine Prozessbegleitung bzw. ein Teamentwicklungs- oder Bildungsprozess lohnt sich, wenn,

- die Klärung und Abstimmung von (neuen) Zielen ansteht oder (Ziel-) Konflikte ausgeräumt werden sollen.
- eine Verbesserung der Problemlösefähigkeit/Konfliktfähigkeit/der Fehlerfreundlichkeit angestrebt wird.
- eine Optimierung von Entscheidungsprozessen herbeigeführt werden soll.
- das Team seine Rollen neu klären will.
- der Erwerb sozialer Kompetenzen ausgebaut werden soll.
- die Kita gewachsen ist und viele „neue Player im Spiel“ sind, also neue Mitarbeiter_innen hinzugekommen sind.
- eine Verbesserung der Zusammenarbeit (zwingend) notwendig ist.
- neue Aufgaben auf eine bestimmte Gruppe oder die ganze Kita zukommen, da z. B. das Konzept verändert oder erweitert wurde oder eine Fusion erfolgte.

- Unter-Arbeitsgruppen neue Positionen im Kita-Gefüge einnehmen müssen.
- die Kitaführung oder der Träger gewechselt hat.
- durch Störungen Reibungsverluste in der Zusammenarbeit entstanden sind.
- das Team an einer Ist-Analyse bzw. ehrlichen Reflexion seiner Arbeit interessiert ist, um sich gemeinsam neu auf den Weg zu machen.
- Sie als Führungskraft gute Teamarbeit als einen kontinuierlichen Entwicklungsprozess verstehen (also nicht erst dann beginnen, etwas für Ihr Team zu tun, wenn Probleme auftauchen) und
- Teamprozessbegleitung als einen relevanten Baustein moderner Kitaführung etablieren wollen, um die Qualität der Zusammenarbeit und Ergebnisse auf Dauer hochzuhalten.

Der Gärtner fragt:

- Wann würden Sie einen Teamentwicklungsprozess für wichtig erachten? Was müsste passieren, dass Sie sich als Führungskraft dafür entscheiden würden?
- Und falls Sie schon einmal an einem Teambildungsprozess teilgenommen haben, was hat Ihnen daran gefallen? Und was nicht? Was sollte nie wieder passieren, und was würden Sie sich von solch einem Prozess unbedingt wünschen?
- Machen Sie sich gern Notizen dazu und überlegen Sie dann weiter, wie Sie so einen Prozess initiieren würden.

Die zentrale Frage, die dabei zusätzlich bei allen angedachten Teamprozessen im Raum steht, lautet:

Was kann getan werden, um neben der Arbeit im Team auch das Wir-Gefühl zu fördern, um so die Effektivität der Arbeit und gleichsam den Gemeinschaftssinn zu erhöhen – und somit das Zugehörigkeitsgefühl zu stärken?

Bei der Beantwortung der Frage, was Teamentwicklung bedeutet und wie man sie verstehen kann, sind unterschiedliche Modelle und auch Ist-Analysen oder Reflexionsmittel sinnvoll und nützlich. Bevor ich Ihnen einige vorstellen werde, möchte ich zuvor noch kurz darstellen, welche Elemente in der Regel einen Teamentwicklungsprozess zugrunde liegen.

1. Kontaktphase mit Führungskraft und Prozessbegleitung (Abklären, was erreicht werden soll → Ziele festlegen)

2. Kontaktphase mit Team und Führungskraft (dem Team Orientierung geben, Ziele erläutern und diese ggf. an die Wünsche des Teams angleichen oder diese mit aufnehmen)
3. Diagnosephase, Daten und Fakten sammeln (z. B. Hospitation bei laufendem Betrieb, MA-Befragung, MA-Interviews, danach gemeinsame Auswertung und Konfrontation)
4. Planung des Teamentwicklungsprozesses mit Team und Leitung
5. Durchführung der Maßnahmen, Prozessbegleitung (Diskutieren, kooperieren, zusammenarbeiten, festlegen, nachjustieren, beschließen)
6. Verstetigen und verankern der neuen Maßnahmen/Absprachen usw. (wachsen, reifen, absichern, nachfassen, Kontrolle)
7. Evaluieren des Prozesses

4.3 Das Vier-Phasen-Modell von Bruce Tuckman

Wollen Sie als Führungskraft nicht auf eine externe Prozessbegleitung zurückgreifen, bietet sich beispielsweise das Vier-Phasen-Modell nach Bruce Tuckman für einen Teamprozess an, da es die Teambildung als Entwicklungsprozess ansieht. Die Mitarbeiter_innen lernen, gemeinsam zu erkennen, wo sie gerade stehen und was sie für die Zukunft benötigen, um gut miteinander zu arbeiten bzw., sich gemeinsam gut weiterentwickeln zu können. Führungskräfte erfahren bei diesem Modell viel darüber, welche Hebel sie in Gang setzen sollten (und welche nicht), damit das Team zusammenwächst (Forming), konstruktiv Konflikte austragen (Storming) und Abläufe und Mechanismen festlegen kann (Norming) und wie es die richtigen Ergebnisse auf die richtige Art und Weise hervorbringt (Performing). Wichtig ist jedoch, dass die Führungskraft über fundierte Moderationskenntnisse verfügt und es innerhalb des Prozesses zu keiner Rollenvermischung kommt. Das Modell nach Bruce Tuckman hilft, ideenreich und flexibel an die Arbeit zu gehen, sowie offen, hilfsbereit und solidarisch miteinander umzugehen.

Tuckman zufolge kann erst dann von einem gut funktionierenden Team gesprochen werden, wenn die Gemeinschaftsleistung die Summe der Einzelleistungen übersteigt. Auch die Zusammensetzung eines Teams bezüglich der Frage der Homogenität bzw. Heterogenität beeinflusst die Teambildung: Homogene Teams haben zwar tendenziell geringere Koordinationskonflikte, verfügen jedoch nur über eine geringere Ressourcenvielfalt. Heterogene Teams weisen zwar Leistungsvorteile auf, sind jedoch etwas instabiler. Der erhöhte Koordinationsaufwand zur Nutzung der Ressourcenvielfalt und die übersteigerte Integration im Sinne des „Groupthink-Phänomens“, bei dem ein Team voreilig und selektiv, das bedeutet unter Vernachlässigung wesentlicher Informationen, Konsens erzielt, ist für die Leistung des Teams hinderlich (vgl. Tuckman 1965).

Das bedeutet für eine Führungskraft auch, Teamgeist und gute Teamarbeit kontinuierlich zu fördern, damit Teams, ob nun stark homogen oder stark heterogen, gut zusammenarbeiten.

4.4 Gelingenskriterien für gute Teamarbeit

- klare Ziele und eine gemeinsame Vision entwickeln
- Rollen und Verantwortung für Aufgaben und Themen klar beschreiben und klären
- ein gemeinsames Bild vom Kind und eine gemeinsame Haltung zur Arbeit mit Kindern und Eltern erarbeiten
- klare und von allen akzeptierte Regeln zur Zusammenarbeit festlegen
- eine offene und klare sowie wertschätzende, gewaltfreie Kommunikation pflegen
- zuhören und aufeinander eingehen (Toleranz im Umgang und Respekt vor jeder Meinung)
- offene Diskussionen statt Flurgespräche und lästern
- zulassen und besprechen, dass es unterschiedliche Sichtweisen und Auffassungen gibt (Konflikte vorbeugen und bei Auftreten proaktiv angehen)
- sich gegenseitig vertrauen und wertschätzen
- Verbindlichkeit bei Vereinbarungen und Absprachen sowie Zuverlässigkeit bei der Aufgabenumsetzung
- Flexibilität im Umgang mit Unvorhergesehenem, Mut zur Unvollkommenheit

4.5 Ideen und Methoden für eine erste Ist-Analyse Wie steht es um Ihr Team?

Um zu überprüfen, wie es zurzeit in und um Ihr Team steht und ob ggf. ein Teamentwicklungsprozess sinnvoll wäre, können die folgenden Fragen als Basis für Veränderung und Weiterentwicklung sinnvoll sein. Nutzen sie diese gern für eine erste Ist-Analyse:

- Sind wir offen und ehrlich zueinander?
- Sind unsere Rückmeldungen in Teamgesprächen oder Einzeldialogen offen und wertschätzend, anstatt grob und verletzend?
- Ist die Stimmung in unserm Team gut, also das Miteinander ehrlich und harmonisch?
- Gehen wir respektvoll miteinander in unseren Teamsitzungen um?
- Behandeln wir alle im Team fair oder werden einige ausgegrenzt, vorgeführt gar lächerlich gemacht?
- Sehen die Mitarbeiter_innen eher ihren eigenen Vorteil oder sind ihnen das große Ganze, die Kita, und damit verbunden die gemeinsamen Ziele wichtig?
- Fühlen sich alle richtig wahrgenommen?
- Verteilen wir Aufgaben im Team gerecht?
- Sind die gegenseitigen Rückmeldungen von allen im Team respektvoll und zielführend?
- Gelten bestehende Regeln für alle oder halten sich einige nicht daran?
- Sind unsere Ziele, Aufgaben, Rahmenbedingungen, Messkriterien zur Zielerreichung oder für unsere Qualität transparent und allen bekannt?
- Wie ist das Niveau in unserem Team ausgeprägt – in Hinblick auf Fachwissen, Erfahrung, Engagement und Verantwortungsübernahme?
- Wie gestaltet sich unsere Zusammenarbeit und Kommunikation?

Alternativ möchte ich Ihnen noch drei weitere Reflexionsmöglichkeiten anbieten:

Mit Bällen jonglieren

Diese Methode können Sie allein oder auch sehr gut mit Ihrem Team gemeinsam nutzen. Wenn Sie eine Reflexionsschleife mit Ihrem Team gemeinsam absolvieren wollen, brauchen Sie dazu kleine Jonglierbälle oder Plastikbälle. Alternativ formt jede_r im Team aus mehreren DinA4-Blättern Papierbälle. Danach soll jede_r drei bis fünf Minuten versuchen, mit den (Papier-) Bällen zu jonglieren. Das klappt in den meisten Fällen nicht sofort. Daher können Sie die Bälle im nächsten Schritt als Metapher für Ihre Reflexion zur Teamarbeit verwenden, indem Sie Ihre Mitarbeiter_innen immer zu zweit die folgenden Fragen beantworten lassen.

1. Was bewegt mich/uns im Moment mit Blick auf unser Miteinander/ unsere Zusammenarbeit im Team?
2. Welches sind meine/unsere Jonglierbälle (Themen, Konflikte, Probleme) im Team?
3. Welche Bälle bekomme ich/bekommen wir nicht zum Fliegen (angesprochen, bearbeitet)?
4. Was hindert mich/uns daran, die Bälle zum Fliegen zu bringen?
5. Was loszulassen, würde mir/uns manches erleichtern?
6. Aus welcher Perspektive betrachte ich/betrachten wir derzeit unsere Team-Situation?
7. Welche innere Haltung/Einstellung habe ich zurzeit zum Team?
8. Was würde passieren, wenn ich/wenn wir diese Haltung verändern?
9. Was setze ich/setzen wir vielleicht im Moment als selbstverständlich voraus?
10. Worauf möchte ich/sollten wir in der Zukunft meine/unsere Aufmerksamkeit lenken/was konkret verändern bzw. weiterentwickeln oder angehen?

Nachdem die Zweierteams die Fragen beantwortet haben, kommen alle ins Plenum zurück und besprechen gemeinsam ihre Ergebnisse. Ihre Aufgabe als Führungskraft ist es dann, die Gesprächsrunde zu moderieren und die Absprachen oder gemeinsamen Ergebnisse zu dokumentieren.

Das Samentütchen

Eine weitere Möglichkeit zur Selbstreflexion, mit dem Fokus auf der persönlichen Entwicklung, bietet die „Samentütchen“-Metapher. Auch diese können Sie als Führungskraft für sich persönlich nutzen oder Ihrem Team anbieten. Sollte das der Fall sein, schlage ich Ihnen vor, dies mit einer schönen Geste, passend zu unserem Gartenthema, zu versehen. Verstehen Sie sich wirklich als Gärtner_in und besorgen Sie daher für jede_n im Team ein kleines Tüten Blumensamen. Zusammen mit einem Tütchen übereichen Sie dann den Mitarbeiter_innen folgenden Fragenkatalog:

1. Welche Ressourcen habe ich, um weiter wachsen zu können? Was würde ich gern einmal in dieser Kita ausprobieren, mir zutrauen?
2. Welche Ressourcen brauche ich noch, um weiter wachsen zu können? Welche Weiterbildung würde ich gern machen?
3. Welchen Dünger brauche ich, damit mein Samen (meine Ressourcen) aufgehen kann?
4. Wer oder was kann mir im Kitaalltag hilfreich sein?
5. Welche Bedenken habe ich bezogen auf mein Team, wenn ich an meine persönliche Entwicklung denke?
6. Was bewundere ich an wem im Team? Von wem würde ich gern was haben, um mich weiterentwickeln zu können?
7. Was kann ich davon für mich als Anregung übernehmen?
8. Was sind meine Stärken, und wie kann ich sie im Team/in der Kita zum „Aufblühen" bringen?
9. Was kann ich tun, um andere im Team zum „Aufblühen" zu bringen?
10. Überlegen Sie sich bitte heute, wann Sie Ihren Samen (Ihre Ressourcen) in den Boden geben wollen? Diese Woche noch? Nächste Woche? ... Wann fangen Sie an?

Der Blick über den Tellerrand

Eine dritte Methode und weitere Metapher, die sich wunderbar für Reflexionsprozesse eignet, um Weiterentwicklungen anzuregen und kritisches Nachdenken herauszufordern, ist die „Tellerrand-Methode". Jenseits des Tellerrandes gibt es vieles zu entdecken und vor allem auch oft Neues, wenn man bereit ist, auch einmal „über den eigenen Tellerrand hinaus zu denken oder schauen".

Oft ist es nämlich bequemer – und das ist auch normal – Gewohntes zu tun. Sicherlich ist es auch gut, dass bestimmte Rituale und Gewohnheiten im Kitaalltag gelebt werden. Sie erleichtern die Arbeit und bringen Routinen in das Leben und den hektischen Alltag. Doch leider lässt zu viel Routine die Arbeitsfreude auch manchmal schrumpfen, wirkt gar demotivierend und macht häufig auch unzufrieden. Zudem wird allzu oft im Alltag zuerst auf den Mangel geschaut – auf das, was fehlt, stört oder denjenigen persönlich ärgert.

Sie brauchen für diese Methode einfache weiße Pappteller und haben dann zwei Möglichkeiten, mit Ihrem Team damit zu arbeiten.

Möglichkeit 1

1. Schritt: Alle im Team schreiben auf den Teller alles auf, was sie z. Zt. in der Zusammenarbeit im Team oder in der Kita stört.
2. Schritt: Alle legen danach ihren Teller auf eine große Papierunterlage. Dann wird gemeinsam geschaut, was notiert wurde. Was stört? Was ärgert? Was führt zu Unzufriedenheit? Wo sehen Sie zu viele Routinen? Wo zu viel Aufwand? Was bereitet schlechte Laune? Was hemmt, blockiert? Wo fehlen Absprachen? Wo werden „Spielregeln" (Absprachen) nicht eingehalten oder gar verletzt?
3. Schritt: Überlegen Sie nun gemeinsam im Team, wie Sie das, was auf den Tellern benannt wurde, verändern können. Erste Ideen und Veränderungsimpulse schreiben Sie einfach zwischen die Teller, auf den Rand des Tellers oder darüber hinaus. Sie können auch etwas zum Teller dazumalen oder passende Symbole verwenden.
4. Schritt: Nach dieser ersten Runde werden die Teller entfernt. Nun sind nur noch die Ideen und positiven Weiterentwicklungen sowie Überlegungen für Verbesserungen sichtbar. Mit diesen können Sie und Ihr Team nun proaktiv weiterarbeiten.

Möglichkeit 2

1. Schritt: Schreiben Sie auf den Teller alles auf, was Sie z. Zt. in der Teamzusammenarbeit oder in der Kita stört. Auf einen zweiten Teller soll jede_r notieren, was er an der Teamarbeit schätzt oder zurzeit als gut befindet; worauf derjenige stolz ist, was ihn glücklich und zufrieden macht.
2. Schritt: Danach soll sich jede_r den Negativ-Teller direkt vor das Gesicht halten, sodass jede_r nur noch diesen Teller sieht. Der andere wird mit etwas Abstand dahintergehalten. Auf ein Zeichen hin soll nun jede_r am ersten Teller vorbei über den Tellerrand auf den zweiten, den Positiv-Teller, schauen.
3. Ja, Negatives sowohl als auch Positives sind immer da. Doch manchmal schauen wir nicht mehr über unseren Tellerrand und sehen nur noch den Mangel – das, was stört und uns unzufrieden macht. Beides ist immer zur gleichen Zeit vorhanden. Und mit diesem Ergebnis können Sie nun folgende Fragen an Ihr Team richten:
   - Worauf richte ich zurzeit im Alltag, im Miteinander meinen Fokus?
   - Welchen Teller will ich weiter befüllen?
   - Von welchem Teller will ich mich weiter bedienen/nähren?
   - Was würde ich gern proaktiv für unser Team – unsere Kita – ändern?
   - Was wäre mein erster, konkreter Schritt?

Alle drei Methoden habe ich selbst entwickelt und bereits in etlichen Teamprozessen angewandt. Sie haben jedes Mal zu interessanten – und vor allem zielorientierten – Ergebnissen geführt: Zudem sind die Methoden sehr aktivierend, sodass sich auch stille oder eher zurückhaltende Mitarbeiter_innen erreichen lassen.

Der Gärtner fragt:

- Welche dieser Methoden würden Sie gern einmal ausprobieren?
- Und welche haben Sie vielleicht schon einmal ausprobiert und könnten Sie wieder hervorholen, um mit ihnen ggf. ein zweites Mal zu arbeiten?
- Erstellen Sie sich doch eine Liste mit Ihren Lieblingsmethoden, damit Sie für die nächste Reflexionsphase gut ausgestattet und aufgestellt sind.

Weitere Methoden, die sich in Teamprozessen bewährt haben und die Sie auch für sich und Ihr Team nutzen könnten, sind folgende:

Ressourcen ermitteln und Talente freilegen

Mit einem Fragebogen können gezielt die Ressourcen der jeweiligen Mitarbeiter_innen ermittelt werden, indem diese ihre Interessen in die jeweilige Spalte eintragen. Sehr spannend ist es dann, wenn sie darüber hinaus auch noch eintragen sollen, in welchem Bereich sie ein Talent besitzen. Die bewusste Frage nach Talenten ist für einige irritierend, da sie lieber von Fertig- oder Fähigkeiten sprechen. Daher tun sich einige Teammitglieder damit eher schwer. Gleichwohl können fast alle immer für die anderen Teamkolleg_innen sehr klar benennen, wer wo seine „Talente“ hat und z. B. in der Kita ein Organisationstalent oder musikalisches Talent besitzt. Dabei ist es sehr spannend, sich nach der Selbsteinschätzung der Mitarbeiter_innen gemeinsam im Team darüber auszutauschen, wer welche Interessen und auch Talente besitzt. Solche Aktionen fördern den Teamzusammenhalt und sorgen für Transparenz und gegenseitige Wertschätzung sowie Anerkennung der Vielfalt.

So könnte solche ein Ressourcen- und Talentfragebogen z. B. aussehen:

Bildungs- und Aufgabenbereiche	Interessen	Talente
Sprache/Sprechen		
Bewegungsförderung		
Ernährung		
Soziales Lernen		
Mathematisches Grundverständnis		
Kunst		
Musikalische Bildung		
Naturwissenschaft/Technik		
Bilinguale Erziehung		
Natur und Lebenswelt		
Ethische Grunderfahrungen		
Integrative Arbeit		
Medium Computer		
Krippenpädagogik		
Vorschularbeit		
Entwicklungsordner	-------------	
Entwicklungsbögen	-------------	
Planen und Organisieren	-------------	
Elternarbeit	-------------	
Zusammenarbeit mit anderen Einrichtungen	------------- -------------	
Teamarbeit	-------------	

Abbildung 6: Ursula Günster-Schöning

„Weg vom – Hin zum": Entwicklungsschritte planen

Wir möchten weg vom…	Und stattdessen hin zum:
… übereinander reden	… miteinander reden und den Flurfunk abschalten!

Warum wollen wir das? Warum macht das Sinn?

Konkrete Absprachen:______________________________

Abbildung 7: Ursula Günster-Schöning

Neben diesen zwei Möglichkeiten gibt es noch zig andere hilfreiche Methoden, wie z. B.

- Ist-Analyse: „Unser Teamentwicklungsprojekt"
- Die U-Theorie: das 7-Schritte-Modell von Viva Fialka
- ein Zielvereinbarungsprozess
- Mitarbeiter_innenbefragungen
- die Glasl-Analyse
- TMS: Team Management System
- BELBIN: Teamrollen
- Das Delta Diagramm: vom Delta zwischen Alt und Neu
- ....

Teamentwicklungsprozesse lohnen sich – ob nun so oder so gestaltet. Denn ein konstruktives, proaktives, wertschätzendes Zusammenwirken im Team ermöglicht es, die vorhandenen Kompetenzen zu entdecken und angemessen zu verteilen, um so einen Know-how- und Erfahrungstransfer für das ganze Team nutzbar zu machen. Gute Teamarbeit ist wie gute Gartenarbeit. Jeder packt mit an, ist sich für nichts „zu fein" – das „Sich-Dreckig-Machen" eingeschlossen – und sorgt dafür, das Pflanzen und Bäume keinen Schaden nehmen. Die gemeinsame Pflege (und am Ende auch Ernte) macht alle gleichermaßen glücklich und auch satt, denn jeder hat seinen Beitrag dazu getan, dass der Tisch reich, mit Obst, Gemüse und Blumen, gedeckt ist.

4.6 Erfolgreiche Teamarbeit: Wenn alle „mit anpacken", blüht der Garten auf. „Gemeinsam ackern"!

Im Allgemeinen findet in vielen Kitas die Arbeit von Erzieher_innen nach wie vor eher in kleineren Gruppen mit wenigen unmittelbaren Mitarbeiter_innen statt und die Bedingungen und Begleitumstände während der Covid 19-Pandemie hat dies sogar eingefordert. Von daher muss oft erst wieder neu gelernt werden, dass alle „mit anpacken", etwa bei gemeinsamen Projekten und Aktionen.

Hingegen ist die Nähe in den Klein- oder Funktionsgruppen sehr intensiv, und häufig besteht ein enger Zusammenhalt unter den pädagogischen Fachkräften. Dies kann sehr bereichern, die Kleingruppe zusammenschweißen, und wirkt manchmal entlastend in Stresssituationen. Zudem ist diese enge Zusammenarbeit häufig auch fachlich sehr fruchtbar.

Und dennoch sollten Sie als Führungskraft darauf achten, dass alle wieder zum großen Ganzen, zum Team, zurückfinden und sich keine „Kleingrüppchen“ absondern oder gar „verkapseln“. Sie müssen immer das große Ganze – Ihr Team, Ihren Kinder*Garten* – sehen und diesen pflegen. Das bedeutet auch, dass Sie im Alltag gut darauf achten sollten, regelmäßige gemeinsame Teamzeiten einzuplanen und auch für Begegnungen ohne Arbeitsauftrag sorgen. Das können kleine Aktionen kurz vor dem Feierabend sein, beispielsweise ein gemeinsames Eis im Sommer, das gemeinsam bei einer lockeren Plauderei verzehrt wird, bevor alle den Heimweg antreten. Oder die Reduzierung der Teamsitzung auf eine Stunde, um die andere Stunde für einen gemeinsamen Spaziergang mit dem Team zu nutzen, auf das jeder mit jedem in lockeren Kontakt kommt und sich über dieses und jenes unterhalten kann. Auf solchen privaten Spaziergängen ist trotzdem schon so manche gute Idee geboren worden, die nachhaltig der gesamten Kita zugutekam. Sicherlich sind solche Aktionen nicht immer möglich und trotzdem sollten Sie sich als Führungskraft dafür einsetzen, dass sie stattfinden können. Denn sie schweißen das Team zusammen, führen zu mehr Verständnis und Akzeptanz untereinander und festigen das Zugehörigkeitsgefühl.

Der Gärtner fragt:

- Was geht Ihnen jetzt gerade durch den Kopf?
- Welche Teamaktion könnten Sie sich vorstellen – einfach so, mal eben zwischendurch?
- Wann haben Sie das letzte Mal für solch eine private Auszeit gesorgt?

Mein Tipp: Machen Sie gemeinsame Ackerpausen. Die AOK Niedersachsen bietet mit der Firma Acker Company gemeinsame Pfanzworkshops für Teams an. Weitere Infos unter: aok.de/fk/nds/ackerpause

4.7 Gemeinsam auf dem Weg bleiben!

Pädagogische Fachkräfte, die in einer elementarpädagogischen Einrichtung, die aufgrund unterschiedlicher Strukturen sowie durch klare Rahmenbedingungen geprägt wird, zusammenarbeiten, verbindet meistens eine hohe intrinsische Motivation sowie pädagogische Professionalität, Kinder bestmöglich in ihrer Entwicklung zu unterstützen und auf ihrem individuellen Weg zu begleiten. Und gleichsam treibt pädagogische Fachkräfte auch der Wunsch nach Selbstverwirklichung, Gestaltungsmöglichkeiten und Selbstwirksamkeit an, ihren eigenen Weg gehen zu dürfen.

> „Die Kunst zu leben besteht vielleicht vor allem darin, seinen eigenen Weg zu gehen und sich die Offenheit zu bewahren, immer wieder neue Wege zu entdecken." (Mariss 2019)

Gemeinsam im Team neue Wege zu entdecken und dabei jede_n im Team seinen eigenen Weg gehen zu lassen, also niemanden „verbiegen" zu wollen, ist die Kunst der guten Teamarbeit, des guten Miteinanders, der guten Führung.

Dabei muss jedes Team erst einmal seinen gemeinsamen Weg finden. Wer schon mal in einem Garten einen Weg angelegt hat, weiß, dass man sich zuvor erst einmal ein paar Gedanken darüber macht, zu welchem Zweck man den Weg im Garten benutzen will. Soll er dekoratives, gliederndes Gestaltungselement oder als Beetumrandung den Wegverlauf bestimmen? Gartenwege können sehr unterschiedlich gestaltet sein und werden. Beispielsweise hängt die Breite eines Gartenwegs davon ab, ob man entspannt durch den Garten bummeln möchte, oder versteckte Pfade bevorzugt, die die Lust am Entdecken wecken. Statt Bäume können auch hochwachsende Pflanzen, z. B. Stauden, den Weg an beiden Seiten begleiten. Mit Beton, Schotter oder Kies lassen sich interessante Weg-Designs gestalten. Unter Verwendung unterschiedlicher Farben und verschiedener Materialien, wie z. B. Fliesen, Kacheln, Spiegeln, Muschelplatten oder Kieselsteinen, können unterschiedliche Muster und sogar Motive gestaltet werden, lassen sich romantische, interessante, geheimnisvolle oder nützliche Gartenwege anlegen (vgl. Simon 2016).

Welchen Weg wollen Sie mit Ihrem Team anlegen?

Denn jedes Team ist – realistisch betrachtet – erst einmal lediglich eine Gruppe von unterschiedlichen Mitarbeiter_innen, die sich gemeinsam auf den Weg machen, manchmal Umwege gehen, durch Wechsel und Abschiede neue Konstellationen bilden und ihren Weg erst nach und nach gemeinsam entwickeln. Führungskräfte tun analog Gärtner_innen gut daran, sich vorher auch ein paar Gedanken zu machen, wie der gemeinsame Weg mit dem Team aussehen soll und wie sie ihn gemeinsam gestalten wollen, um die Potenziale aller Mitarbeiter_innen kennenzulernen und für die Einrichtung nutzbar zu machen.

Der Leitungskraft kommt bei diesem Prozess eine ganz besondere und wichtige Rolle zu, denn sie beobachtet Kontexte, nimmt die einzelnen Menschen im Team wahr, sorgt durch ihr Vorbild für eine anregende als auch gewinnbringende sowie wertschätzende Kommunikation unter den Beteiligten, die Ansprüche und Bedürfnisse der einzelnen im Blick behaltend, sowie das übergeordnete Ziel für das große Ganze der Einrichtung. Die Führungskraft ist der/die Gärtner_in, der/die sich achtsam und authentisch um seine unterschiedlichen Pflanzen kümmert, sie wachsen lässt, pflegt, düngt und reifen lässt, die Kompetenzorientierung und Selbstwirksamkeit im Blick behaltend, auf dass alle aufblühen und sich entfalten können.

Kapitel 5: Herausforderung Gartenarbeit

Quelle: AdobeStock 312865439

„Traue nicht dem Ort, an dem kein Unkraut wächst.“
Anni Praedel

5.1 Was mich ärgert, entscheide ich selbst!

Wie schön, wenn es im Garten rund läuft, alles wächst und gedeiht. Doch was, wenn nicht?

Wenn ein Team seiner Führungskraft vertraut, ist das wie ein starkes Band, das alle zusammenhält. Dann weiß das Team, dass da jemand steht, der das Band hält, an dem alle „dranhängen". Jemand, der das Team schützt, ihm den Rücken freihält, es auffängt, wenn Fehler passieren und alles dafür tut, dass niemand zu Schaden kommt und im Rahmen seiner Möglichkeiten aufblühen kann. Doch was ist, wenn Sie als Führungskraft unsicher und gehemmt sind, wenn Sie spüren, dass das Team Ihnen nicht mehr vertraut, nicht mehr zu 100 Prozent hinter Ihnen steht und/oder sich mehr und mehr von Ihnen abwendet? Dann verändern sich die Positionen und es entsteht eine Situation, die eher einem Seilziehen gleicht. Das Team auf der einen und die Führungskraft auf der anderen Seite. So ist es übrigens auch, wenn die Führungskraft ihrem Team nicht mehr vertrauen kann.

Ähnlich ist es auch im Garten. Wenn der/die Gärtner_in zu viel oder zu wenig düngt, falsche Pflanzen zusammen ins Beet setzt, die sich oben oder unten ins Gehege kommen, sich nicht „riechen" können oder sich beim Wachsen stören, kann sich der Garten nicht gut entwickeln. Zwar lehnen sich die Pflanzen nicht gegen den/die Gärtner_in auf, aber sie fangen an zu verkümmern und im schlimmsten Fall sterben sie ab. Zudem können Pflanzen darüber hinaus von Schädlingen befallen werden, und spätestens dann weiß man als Gärtner_in, dass es an der Zeit ist, sich Hilfe und Unterstützung zu holen. Denn sonst bekommt man seinen Garten nicht mehr in den Griff. Denn Schädlinge machen vielen Gärtner_innen das Leben richtig schwer. Ob Schnecken, Läuse oder Käfer: Zahlreiche Tiere ernähren sich von Pflanzen, die daraufhin mehr oder weniger stark geschädigt sind. Die/der Gärtner_in greift dann auf Pflanzenschutzmittel oder Naturprodukte zurück, die helfen und sie in ihrem Tun unterstützen. Führungskräfte in der Kita können sich Unterstützung und Hilfe durch eine Fachberatung, Supervison oder einen Coach holen, der in einem individuellen Coachingprozess hilft, Lösungen für die Probleme zu finden.

5.2 Die neue Rolle von Coaching – den „Schädlingsbefall" in den Griff bekommen!

Die Corona-Pandemie der frühen 2020er-Jahre hat nicht nur die allgemeine Arbeitswelt, sondern auch die Kita-Welt im Speziellen stark herausgefordert und verändert. So war diese Zeit geprägt von Ausnahmezuständen, Nicht-Begegnungen, Abstand halten, Masken tragen, Einschränkungen, Wandel und Veränderungen. Und so war es alles, nur nicht langweilig! Aufgrund der Pandemie hatten nicht nur ganze Familien Hausarrest, sondern wurden auch die Kita-Teams gezwungen, sich aus der Kita zurückzuziehen. Erstmalig in ganz Deutschland – ein Zustand, den es vorher so nicht gab. Überall herrschte Unsicherheit, Angst und Sorge, und parallel suchten alle gleichermaßen nach Orientierung, Halt, Normalität und auch nach neuen Wegen.

Die Kita-Eltern versuchten, Arbeit, Kinder, Homeschooling und Haushalt bestmöglich unter einen Hut zu bringen und die erzwungene Pause für die Familie zu nutzen. Am Anfang war das noch wie zusätzliche Ferien, doch zunehmend wurde es mehr und mehr zur Herausforderung und ein kaum auszuhaltender Druck wuchs an.

Und die pädagogischen Fachkräfte? Ja, auch sie mussten sich anpassen, mussten umdenken, vieles neu angehen, ausprobieren, experimentieren und nach Monaten der erzwungenen Homeoffice-Zeit kehrten sie mit Notgruppen und Notfallplänen zurück. Sie wurden wöchentlich, fast täglich mit Änderungen konfrontiert, mussten Hygienemaßnahmen einhalten und versuchen, über die Distanz mit den Eltern und Kindern in Kontakt zu bleiben. Das hat Spuren hinterlassen. Zudem gab es für viele Herausforderungen keine erprobten Standardlösungen, Konzepte oder gar Patentrezepte. Vielmehr musste vieles erprobt und ausprobiert werden, mussten individuelle Lösungen gefunden werden.

Viele Teams entdeckten für sich Online-Fortbildungen und andere Online-Formate, um auch mit Eltern in Kontakt zu bleiben, und so kam die Digitalisierung mit schnellem Schritt durch manche Kita-Tür. Leitungskräfte hingegen griffen zunehmend auf die individuellste Form der Weiterbildung und vor allem Beratung zurück, das Coaching. Dabei hilft Coaching nicht nur in Krisenzeiten, sondern immer. Als systemischer Senior-Coach mit über 20 Jahren Erfahrung weiß ich, wovon ich spreche. Individuelles Leitungscoaching nimmt schon seit vielen Jahren eine Schlüsselrolle ein und wurde durch die Pandemie noch einmal befeuert, ist besonders jetzt stark gefragt und hilft vielen Führungskräften, wieder auf den Weg zurückzufinden.

In Krisen schalten Führungskräfte gedanklich oft in den Automodus, nach dem Motto „Augen zu und durch“, denn es gilt, sich da irgendwie durchzuwurschteln. Leider lässt das die eine oder andere Leitungskraft immer wieder in Denkfallen tappen. Zudem sind Konflikte unvermeidlich und werden tendenziell immer häufiger. Das eigene Denken und vor allem Führen dann wieder bewusst in die eigenen Hände zu nehmen, macht erfolgreiche Führungskräfte aus, die sich dabei oft Unterstützung durch ein individuelles Coaching holen. Denn dies liefert keine vorgefertigten Lösungen, sondern eher Denkmodelle, die dann der Führungskraft wie ein Kompass zur Selbststeuerung und Kreierung eigener Lösungen dient.

Und da die Ansprüche an eine Kitaleitung in den letzten Jahren ohnehin um ein Vielfaches gewachsen sind, macht ein Coachingprozess nicht nur in der Krise Sinn, sondern generell, um eine Kita zukunftsorientiert zu leiten. Denn neben dem pädagogischen Fachwissen wird von einer Leitung vorrangig Handeln auf einer professionellen Ebene mit der nötigen Distanz und Präsenz erwartet. Die Qualität einer Führungskraft bemisst sich schon jetzt zunehmend danach, ob sie es schafft, in der Zusammenarbeit die Potenziale und Talente ihres Teams ans Licht zu bringen, klare Entscheidungen zu treffen, Aufgaben zu delegieren, ihre Ziele klar und nachvollziehbar zu definieren und eben auch ein Team durch eine Krise zu führen.

Und sollte das Unverständnis auf beiden Seiten des Seils so groß werden, dass scheinbar nichts mehr geht, ist es wichtig, neue Wege zu suchen. Ein Coaching kann dieser neue Weg sein. Denn hier gehen Führungskräfte gemeinsam mit ihrem Coach den Dingen auf den Grund. Beispielsweise kann die Frage: „Wie kann ich selbst in schwierigen Gesprächen gewünschte Ergebnisse erzielen und dabei innerlich und äußerlich gelassen auftreten?“ eine Schlüsselfrage sein, an dem sich der Prozess entlanghangelt, um die Situation in der Kita wieder zu verbessern. Dieser Frage folgend, haben beispielsweise Studien gezeigt, dass sich eine sprachlich-positive Ausdrucksweise unmittelbar auf das Unternehmensergebnis, die Unternehmenskultur auswirkt (vgl. Carton 2014).

Und dies lässt sich auf die Kita und deren Kita-Kultur übertragen. Fragen prägen generell einen Coachingprozess, denn Sie fordern die Führungskraft auf, neu und anderes über Dinge und Sachverhalte nachzudenken, wie z. B.

- Wie komme ich selbst wieder zu mehr innerer Sicherheit, Gelassenheit und Souveränität, um klar auftreten, zielgerichtet und lebendig kommunizieren zu können?
- Wie schaffe ich es, eine gute, konstruktive und dabei auch effektive Kommunikations- und Besprechungskultur im Team zu etablieren – gerade jetzt, wo scheinbar nichts mehr geht?
- Wie kann ich meine Mitarbeiter_innen von meiner Idee der anstehenden, neuen Aufgabenverteilung überzeugen, obwohl ich konkreten Widerstand spüre?
- Wie kann ich mit dem Mitarbeiter Meier umgehen, wenn er mich so in die Enge drängt? Wie kann ich mich dann konkret verhalten und schlagfertig reagieren, ohne den anderen zu verletzen?
- Wie gehe ich damit um, wenn die Mitarbeiterin Müller mich wieder in der Teamsitzung so anfährt und die anderen aufwiegelt, was sage ich dann?

Vielleicht kennen Sie eine dieser Situationen auch, haben Ähnliches in Ihrem Führungs-Alltag schon erlebt und sich dann gefragt, wie Sie da einigermaßen gut durchkommen? Gerade in schwierigen Zeiten ist es sehr wichtig, Phasen der Selbstreflexion einzulegen. Ich hatte ja im ersten Kapitel schon darauf hingewiesen, als es um die Selbstführung ging. Denn nicht immer sind die Mitarbeiter_innen die Verursacher. Jede Führungskraft hat „blinde Flecken", Dinge und Verhaltensweisen, die sie im Alltag mit den vielen Herausforderungen und der Aufgabendichte manchmal nicht mehr sieht. Beispielsweise wenn sie in einer Art „Vorwurfs- oder Verteidigungshaltung" agiert oder zu schnell Zugeständnisse macht, die sie dann schon ein paar Minuten später bereut. Ich hatte auch schon darauf hingewiesen, dass Führungskräfte oft allein dastehen. Aber das müssen sie nicht. Individuelles Coaching ist inzwischen ein bewährtes Mittel und vor allem eine anerkannte Methode, der sich Führungskräfte bedienen können. In geschützter Atmosphäre über Probleme, die auf den Nägeln brennen, sprechen zu können, um nach individuellen Lösungen zu suchen, befreit und ist zudem eine professionelle und auch zeitgemäße Unterstützungsmethode, um erfolgreich zu führen.

Der Gärtner fragt:

- Unter Coaching verstehen viele verschiedene Menschen viele unterschiedliche Dinge. Zudem wird es häufig als Sammelbegriff benutzt, für unterschiedliche Methoden und Möglichkeiten, um mit Menschen zu arbeiten. Was stellen Sie sich unter Coaching vor? Wie sollte ein Coaching sein?
- Und weitergedacht: Könnten Sie sich ein Coaching als professionelle Begleitung in Ihrem Berufsalltag vorstellen?
- Und wenn ja, was wäre Ihnen wichtig? Was würden Sie gern in einer geschützten Atmosphäre mit Ihrem Coach besprechen?

Falls Sie darüber nachdenken, sich mit dem Thema „Coaching" weiter auseinanderzusetzen, möchte ich Sie noch auf folgende Dinge hinweisen:

1. Der Begriff „Coach" ist bislang noch keine geschützte Berufsbezeichnung. Wer sich selbst als Coach bezeichnen möchte, kann dies tun, auch ohne fundierte Coaching-Ausbildung. Achten Sie daher unbedingt darauf, welche Ausbildung, welchen beruflichen Hintergrund die oder der Coach hat, den Sie ggf. anfragen. Ein gutes Qualitätsmerkmal ist, wenn der Coach in einem Berufsverband organisiert ist. Denn in solch einem Verband wird man als Coach nur aufgenommen, wenn man eine fundierte Coaching-Ausbildung absolviert hat und sich kontinuierlich weiterbildet.
2. Alle zugelassenen Coaches werden auf den Coaching-Verbandsseiten gelistet. Hier können Sie in Ruhe stöbern, welcher Coach was anbietet oder auf was sich welcher Coach spezialisiert hat. Zudem wird auch aufgezeigt, wie lang der Coach schon praktiziert. Auch das ist ein Qualitätsmerkmal.
3. Achten Sie auf die Schwerpunkte des Coaches. Er oder sie sollte sich auf bestimmte Berufsfelder spezialisiert haben und als professionelle Prozessbegleitung für unterschiedliche Themen und Anlässe zur Verfügung stehen.
4. Professionelle Coaches bieten keine Therapie an, arbeiten also nicht mit Klienten, die mit einer pathologischen Diagnose in das Coaching kommen. Dies bleibt weiterhin Therapeut_innen und Psycholog_innen vorbehalten.

5. Professionelle Coaches haben den Anspruch, eine professionelle Leistung zu erbringen, die sich ergebnisorientiert an den Zielen und Anliegen des Klienten orientiert. Daher ist das Vorgespräch zum gemeinsamen Kennenlernen und Ausloten des Anliegens und der Ziele in der Regel immer kostenfrei.
6. Ein guter und professioneller Coach ist kein Berater, keine Beraterin und dies erklärt er in der Regel auch im Erstkontakt und macht den Unterschied zwischen Coaching und Beratung deutlich. Für Sie schon mal zur Info: Bei einem individuellen Coaching wird inhaltlich nicht beraten. Das heißt, wenn jemand mit einem bestimmten Problem kommt und gerne eine Lösung dafür hätte, kann der Coach ihm oder ihr inhaltlich eigentlich nicht helfen. Er kann aber dabei unterstützen, dass die Person die für sie richtige Lösung selbst findet und den Weg dorthin eigenständig gehen kann. Und so kommt der Klient „wie von selbst" zu seiner individuellen und vor allem passgenauen Lösung seines inhaltlichen Problems.

Ich persönlich arbeite als systemische Prozessbegleiterin und Beraterin mit Teams und Führungskräften sowie auch als systemischer Senior-Coach mit den unterschiedlichsten Führungskräften aus Kitas, Schulen, der Verwaltung und auch KMUs (kleine und mittelständige Unternehmen). Jede Führungskraft bringt ihre individuellen Themen ein, zwei Themen kommen jedoch bei Führungskräften ganz häufig vor.

- „Wie kann ich besser mit Kritik umgehen?"
- „Wie schaffe ich es, NEIN zu sagen?"

5.3 Nein sagen!

Warum fällt es nach wie vor vielen Führungskräften schwer, nein zu sagen? Wie würden Sie diese Frage beantworten?

Ich denke, weil viele ihre Mitarbeiter_innen nicht enttäuschen wollen, manchmal sogar Angst vor den Konsequenzen haben oder vor dem schlechten Gewissen, das sie dann umtreibt und bisweilen auch nicht schlafen lässt. Auch sehnen sich viele (vor allem weibliche Führungskräfte) nach Harmonie und möchten, dass alle im Team zufrieden sind. Sie können es oft zudem nur schlecht aushalten, wenn Mitarbeiter_innen sauer oder übellaunig werden, wenn der Wunsch oder die Anfrage abgelehnt wird. Daher sagen viele zu schnell „Ja!", obwohl sie „Nein!" meinen. Ein gutes Beispiel dafür sind die ständigen kleinen Unterbrechungen, die sich scheinbar wie von selbst und ganz unspektakulär in den Alltag hineinschleichen und sich dann so richtig schön festsetzen und zur nervigen und grenzüberschreitenden Gewohnheit werden.

Ein paar Beispiele: Sie arbeiten gerade an einem komplexen Text, den es zu formulieren gilt, sind gedanklich tief eingetaucht und plötzlich platzt ein_e Mitarbeiter_in ins Büro – natürlich ohne anzuklopfen – und sagt: Kannst du mal eben.... oder steht die Mutter in der Tür, die mal eben etwas wissen muss oder bezahlen will. Die Kollegin, die aus der Nachbar-Kita spontan auf einen Kaffee vorbeikommt, um über den gemeinsamen Elternabend zu sprechen, oder wie aus dem Nichts, völlig unerwartet, steht der Hausmeister in der Bürotür und will, dass Sie ihm jetzt die Tür zeigen, die klemmt, obwohl Sie ihn schon zwei Tage zuvor gebeten hatten, das in Ordnung zu bringen. Natürlich kommt auch er, ohne vorher nachgefragt zu haben, ins Büro, denn Sie sind ja da!

Kommen Ihnen diese Beispiele bekannt vor? Menschen, die in Ihr Büro kommen, obwohl die Tür geschlossen war? Die über Ihre Zeit verfügen wollen und damit Sie und Ihre Bürotür als „Grenze" nicht respektieren, weil sie diese wie selbstverständlich übertreten und zudem noch Ihre Aufmerksamkeit einfordern?

Der Gärtner fragt:

In welchen Situationen finden Sie es besonders schwierig, „Nein“ zu sagen?

Was könnten die Gründe dafür sein?

- Vermeintlicher Leistungsdruck?
- Der Wunsch, als Alleskönnerin dazustehen?
- Regeln aus der Kindheit, die Sie jetzt noch als Erwachsener hemmen?
- Das gute Gefühl, gebraucht zu werden?
- Die Sorge, bei einem „Nein“ nicht mehr gemocht zu werden?
- Ein Unterschätzen der Tätigkeit/des Aufgabenumfangs und der daraus resultierenden Konsequenz?
- Das Ego – also die vermeintliche Anerkennung, weil ich gefragt wurde?
- ...?
  Quelle: Arno Popert (Handout)

Und was wäre ein guter erster Schritt hin zu einem NEIN? Was können Sie sich vorstellen? Beschreiben Sie eine genaue Situation und überlegen Sie sich dann, wie Sie anders als bislang reagieren könnten. Was würde Ihnen einfallen?

5.4 Energieräuber stoppen und Schutzräume schaffen

Im Alltag ist es für Kitaleitungen sehr energieraubend und daher auch kräftezehrend, wenn sie sich nach Unterbrechungen immer wieder neu ihrer angefangenen Aufgabe zuwenden müssen. Es ist zudem auch schwierig, gedanklich immer wieder an das anzuknüpfen, was man vor der Unterbrechung gerade im Kopf hatte. Erschwerend kommt hinzu, dass solche Aufgaben dann unendlich lang dauern, bis sie fertig sind. Das Erstellen führt dann bei der/dem Schreiber_in oft zu Unmut. In meinen Coachings haben mir die Führungskräfte dann gesagt: „Ich habe das dann einfach erst einmal weggelegt, da ich mich nicht mehr darauf konzentrieren konnte.“ „Weggelegt“ heißt jedoch: noch nicht erledigt. Und wenn man mehrmals am Tag etwas weglegt oder zur Seite schiebt, da man sich nicht mehr darauf konzentrieren kann, staut sich ein Berg an Arbeit auf. Das macht unzufrieden, gar wütend. Zudem zerlegt solch ein Vorgehen jeder Führungskraft das eigene Zeitmanagement. Denn die Arbeit bleibt ja und wird nur vor sich hergeschoben.

Tatsächlich denke ich, dass dies auch ein Grund dafür ist, warum viele Kitaleitungen oft genervt, gar unzufrieden oder ausgebrannt sind. Wer immer wieder bei der Arbeit unterbrochen wird, bekommt nicht viel geschafft und zweifelt über kurz oder lang an seinen eigenen Kompetenzen. Hinzu kommt, dass solch ein Umgang mit der Führungskraft nicht wertschätzend ist. Oder, um es anders auszudrücken, die Arbeit der Leitung wird nicht ernst genommen und respektiert.

Und egal, ob Sie in Ihrer Kita generell sehr glücklich und zufrieden sind: Ständige Unterbrechungen sind immer ärgerlich und führen über kurz oder lang zu Ärger und Unwohlsein. Außerdem machen sie die Arbeit ineffizient und schmälern die Qualität der Arbeitsergebnisse.

Sicherlich lässt es sich nicht vollständig vermeiden, bei der täglichen Arbeit unterbrochen zu werden, aber es wäre besser, wenn Sie selbst entscheiden, wann Unterbrechungen für Sie in Ordnung sind und wann Sie wirklich ungestört arbeiten wollen und auch müssen. Eine eingeführte „Sprechzeit" kann helfen, das Problem in den Griff zu bekommen. Eine andere Option wäre, konsequent „Nein!" zu sagen, wenn jemand reinplatzt und etwas will. Doch auch das geht nicht immer. Deshalb schlage ich Ihnen nun vier Strategien vor, die im Alltag helfen, sich gegen unsensible Unterbrecher_innen und Energieräuber_innen zu schützen und „Nein!" zu sagen, ohne „Nein!" zu sagen.

Der „Drei-Geteilte-Satz"

Statt einem „Nein!", das Ihnen vielleicht in der bestimmten Situation nicht so gut über die Lippen kommt, kann Ihnen die Strategie, des „Drei-Geteilten-Satzes" helfen. Ich gebe Ihnen dazu ein Beispiel mit Blick auf das Thema „Unterbrechungen", welches ich auf den vorangegangenen Seiten beschrieben habe.

Beispiel: Der dreiteilige Satz

Mia, eine Ihrer Mitarbeiter_innen, kommt zur Bürotür hinein und setzt an: „Du Jutta, kannst du …" Sie unterbrechen Sie nun und sagen:

Satzteil 1: *„Mia, ich bin sicher, die Sache ist wichtig,"*

Satzteil 2: *„Ich arbeite aber gerade an diesem Brief, der in der nächsten Stunde fertig werden muss."*

Satzteil 3: *„Können wir uns auch heute am Nachmittag zusammensetzen? Da klären wir das dann." Oder:*
„Komm bitte in einer halben Stunde wieder, dann habe ich für dich Zeit."

Nicht unfreundlich reagiert. Nicht „Nein!" gesagt, nicht ablehnend gewesen. Trotzdem die Unterbrechung unterbunden.

Vielleicht sagen Sie jetzt: „Ja, aber das geht doch nicht immer, vielleicht war es ja etwas Wichtiges, was Mia loswerden wollte!"

Ja, das mag sein, aber wenn Sie so reagieren, lernt Mia (lernen Ihre Mitarbeiter_innen) sehr schnell, selbst zu entscheiden, ob die Unterbrechung wirklich wichtig und sofort sein muss oder ob das Anliegen noch eine halbe Stunde oder sogar bis zum Nachmittag Zeit hat.

Nicht sofort reagieren, stattdessen lieber geschickt nachfragen

Wenn Mitarbeiter_innen kommen, wollen sie in der Regel etwas und zwar sofort. Manchmal ist es dann sehr hilfreich, die Verantwortung einfach wieder an die/den Mitarbeiter_in zurückzugeben, indem Sie sagen: „Leon, ich arbeite gerade an XY, soll ich damit aufhören, es also liegenlassen, und stattdessen mich sofort um dein Anliegen kümmern? Oder hat das noch etwas Zeit?"

Sie „spielen" so durch dieses Vorgehen „den Ball zurück ins Feld" des Unterbrechers. Üblicherweise kommt dann ein: „Oh, ja, kein Problem, mach das erst fertig. Ich komm dann gleich noch einmal/später wieder vorbei. Wann passt es denn für dich?"

Verantwortung abgeben oder zurückgeben kann sehr nützlich sein und stärkt zudem die Eigenverantwortung der Mitarbeiter_innen.

Ungebetene Gäste fernhalten

Vielleicht kennen Sie auch diese Situation: Sie sind gerade am Telefonieren, und trotzdem kommt die/der Mitarbeiter_in ungefragt ins Büro und stellt sich vor Ihren Schreibtisch oder bleibt in der Tür stehen. „Unangenehm," denken Sie und die/der Mitarbeiter_in bekommt es nicht mit (oder will es nicht mitbekommen, schaut gar vorwurfsvoll, weil Sie ja „schon wieder" telefonieren).

Nun können Sie wie folgt reagieren:

Entweder mit einer Geste, z. B. mit einem Handzeichen: „Keine Ahnung, wie lange das noch dauert“ oder mit Mimik, indem Sie Blickkontakt aufnehmen und ohne Worte „Das kann länger dauern!“ senden.

Witziger und vor allem sehr effektiv kann es auch sein, wenn Sie sich ein Schild vorbereiten und dieses dann in solchen Situationen hochhalten. Darauf könnte beispielsweise stehen:

- „Ich telefoniere gerade! Ungeduldig vor dem Schreibtisch zu stehen, beschleunigt das Gespräch nicht. Ich melde mich bei dir, sobald das Telefonat erledigt ist!“
- „Ich habe dich gesehen und komme nach dem Telefonat zu dir.“
- „Dauert noch, ich habe gerade erst angefangen zu telefonieren“.

Vielleicht würde Ihnen auch ein Spruch einfallen, der es für Sie gut auf den Punkt bringt. Eindeutige Botschaften – ob witzig oder sehr klar formuliert – bremsen in der Regel jeden Störer, jede_n Unterbrecher_in und veranlassen sie zum Weggehen.

Mut zur Nachfrage, klaren Aussage oder mit Einschränkungen beginnen

Nicht nur in der Kita, sondern auch privat kommen Menschen mit dem Satz: „Kannst du mal eben …?“ oder „Könntest du mal bitte …?“ auf uns zu. Wie Sie bei privaten Kontakten damit umgehen, bleibt Ihnen überlassen, da die Antwort wahrscheinlich vom Grad der Zuneigung oder persönlichen Beziehung abhängig ist. Gleichwohl kann uns auch da so manche schnelle Zusage in eine ungünstige oder nachteilige Position bringen. Vor allem aber beruflich sollten wir es uns sehr genau überlegen, wie wir auf die Frage reagieren und sie beantworten. Auch hier gilt es, öfter mal „Nein!“ zu sagen. Wenn Ihnen das schwerfällt, bekommen Sie jetzt noch ein paar gute Tipps, wie es Ihnen vielleicht zukünftig besser gelingen kann:

Frage der Mitarbeiterin: Könntest du mir bitte bei dem Entwicklungsbericht helfen?

Möglichkeit 1:

Haben Sie den Mut zur klaren Nachfrage (bevor Sie „Ja!“ sagen)!

Ihre Antworten könnten dann sein:

- „Was genau erwartest du?“
- „Warum ich? Was ist mit Jana oder Mia?“
- „Bis wann muss der Bericht denn fertig sein?“

Möglichkeit 2:

Haben Sie den Mut zur klaren Aussage!

Ihre Antworten könnten dann sein:

- „Nein, leider nicht. Ich schaffe es heute nicht mehr. Frag bitte Mia oder Jana.“
- „Nein, tut mir leid, heute ist es mir nicht möglich. Ein anderes Mal gern.“

Möglichkeit 3:

Nutzen Sie Einschränkungen!

Ihre Antworten könnten dann sein:

- „Ja gern, allerdings erst am Donnerstag.“ (zeitlich verschieben)
  „Ja, aber höchstens für eine Stunde.“ (zeitlich begrenzen)
  „Ja sicher, wenn du mir im Gegenzug nachher bei den Kartons im Materialraum hilfst.“ (ein Tauschgeschäft anbieten)
  „Bis wann brauchst du meine Antwort?“ (Zeit gewinnen zum Nachdenken)
  „Nein, das schaffe ich heute nicht. Wie wäre es, wenn wir uns morgen Mittag zusammensetzten?“ (ein Gegenangebot machen)
  „Nein, aber beim nächsten Bericht helfe ich dir gern.“ (Absagen mit neuem Angebot)
  „Nein, aber danke, dass du mich gefragt hast.“ (Absagen mit Dank für Vertrauen in meine Person)
  „Nein, tut mir leid.“ (einfach, freundlich absagen)
  (Quelle: Arno Popert (Handout), modifiziert von Ursula Günster-Schöning)

Da ich nicht weiß, was für ein Leitungstyp Sie genau sind, kann ich Sie nur einladen, darüber nachzudenken, welche Methode oder Strategie Ihnen helfen könnte, übergriffiges Verhalten abzuwehren oder sich vor „Kannst du mal eben?"- oder „Können Sie heute noch"-Fragen am besten zu schützen. Niemand muss „Ja!" sagen, wenn er eigentlich „Nein!" meint! Gärtner_innen tun das auch nicht. Sie sorgen für ihre Pflanzen, lassen sich jedoch nicht von ihnen dominieren.

Die Gärtnerin fragt:

Haben Sie auch manchmal ein schlechtes Gewissen oder Schuldgefühle, wenn Sie „Nein!" sagen?

Dann lade ich Sie zu einer Gedankenreise ein: Reisen Sie gedanklich in Ihre Kindheit zurück und schauen Sie dort nach, wann und wer Ihnen ein schlechtes Gewissen gemacht hat, wenn Sie sich verweigert und „Nein!" gesagt haben.

Viele Menschen, vor allem Mädchen, haben in ihrem Elternhaus Worte gehört wie: „Was sollen denn die Leute denken?" „Sei lieb und brav!" „Mach andere glücklich, dann bist auch du glücklich!" oder „Erst die Arbeit, dann das Vergnügen!" Wir sind es von klein auf gewohnt, bestimmte Erwartungen zu erfüllen.

Notieren Sie bitte spontan, welche Sätze Ihnen aus Ihrer Kindheit einfallen, die zu Ihnen gesagt wurden. Und? Passen Sie noch heute als erwachsener Mensch zu Ihnen? Möchten Sie diesen Erwartungen noch entsprechen?

Und wenn nicht? Was würden Sie gern ablegen oder verändern?

Und? War eine Strategie dabei, die Sie gern einmal ausprobieren würden? Wenn ja, dann nur zu! Trauen Sie sich, denn auch Sie haben das Recht, ungestört zu arbeiten und dürfen „Nein!" sagen. Ach, „by the way": Ein NEIN zu anderen ist übrigens auch ein JA zu sich selbst, zu den eigenen Bedürfnissen und Gefühlen, Aufgaben und zum eigenen Schutz. Eine Führungskraft muss nicht von jedem „geliebt" werden oder jedem gefallen. Sie dürfen „Nein!" sagen und das ganz ohne Schuldgefühle oder schlechtes Gewissen.

5.5 Von inneren Antreibern und anderen Einflüssen auf das Führungsverhalten

Was sind innere Antreiber? Vielleicht haben Sie schon einmal von diesen Antreibern gehört? Wenn nicht, lassen Sie uns gemeinsam den inneren Antreibern auf den Grund gehen, denn sie haben starken Einfluss auf Ihr Führungsverhalten.

Viele kennen oder bezeichnen die inneren Antreiber als „fiese kleine Stimmen“, die uns dazu bringen, Dinge zu tun, die wir eigentlich nicht wollen. Eine Stimme sagt z. B. immer: „Beeil dich, mach schnell!“, eine andere: „Mach die anderen glücklich, sorge für Harmonie!“ und wieder eine andere sagt, dass man bei dem, was man gerade tut, sich enorm anstrengen und immer 150 Prozent geben muss. Innere Antreiber beruhen auf Glaubenssätzen, die wir von unseren Eltern oder anderen Erwachsenen teilweise so stark übernommen und verinnerlicht haben, dass sie uns nicht mehr bewusst sind, wenn sie auf uns einwirken. Sie sind Persönlichkeitseigenschaften, die maßgeblich über unser Denken, Fühlen und Handeln bestimmen.

Das Modell der inneren Antreiber stammt aus der Transaktionsanalyse (TA), die in den 1950er und 60er Jahren von Eric Berne und Thomas Harris begründet wurde. Bei der Transaktionsanalyse ging es ursprünglich um die Erforschung psychischer Krankheiten und Störungen in Kommunikation und Kooperation. Es ging also darum, die inneren Haltungen und Einstellungen von Menschen (benannt als „Scripte“), bezogen auf die Handlungen im Umgang miteinander (die sogenannten „Transaktionen“), zu analysieren (vgl. Mauritz 2021).

Eric Behne und sein Kollege Taibi Kahler entwickelten 1977 im Anschluss an die Transaktionsanalyse das Modell der inneren Antreiber, da sie im Rahmen von klinischen Beobachtungen, bei denen die Forscher Verhaltensmuster von Mimik, Gestik, Körperhaltung, Wortwahl und Modulation der Stimme studierten, fünf verschiedene Antreibermodelle entdeckten (vgl. Amann/Egger 2017):

Abbildung 8: Ursula Günster-Schöning

Hinter diesen inneren Antreibern stecken, wie bereits angedeutet, elterliche, meist gut gemeinte Botschaften, Glaubensätze oder auch Ratschläge, die vorgeben, wie sich der Mensch verhalten soll, damit er den elterlichen Ansprüchen und Vorstellungen entspricht. Befolgt das Kind diese Ratschläge, erhält es Anerkennung und Lob. Das führt dazu, dass sich das Kind akzeptiert, geliebt und wohlfühlt. Oder mit anderen Worten ausgedrückt: Es ist so okay, wie es ist, es also den elterlichen Ansprüchen genügt. Befolgt es jedoch die Ratschläge nicht, bleibt auch die Anerkennung durch den Erwachsenen aus und das Kind fühlt sich nicht mehr okay und geliebt.

> „Antreiber dienen den Menschen als Richtschnur für Ihre Lebensgestaltung. Innere Antreiber sind hilfreiche Freunde, wenn es darum geht, ein gut organisiertes, sozial verträgliches und produktives Leben zu führen" (Amann/Egger 2017, S. 169).

Nach Kahler besitzt jeder Mensch alle Antreiber. Jedoch ist meistens einer von ihnen besonders oft aktiv oder besonders stark ausgeprägt, wie z. B. „Beil dich!". Es gibt Menschen, die erledigen alles im „Laufschritt" oder im „Jagd-Galopp". Sie stehen ständig unter Strom und können es zudem kaum aushalten, wenn andere Menschen in ihrem Umfeld, „langsam machen", sich also für ihre Aufgabe Zeit nehmen. Typische umgangssprachliche Äußerungen sind dann z. B.: „Da wo es nicht glatt ist, kannst du ruhig laufen!" oder „Los, mach mal hin, nicht einschlafen beim Gehen!". Wenn ein Antreiber immer „eingeschaltet" ist, spricht Kahler vom „Primärantreiber". Einige Führungspersönlichkeiten, die ich kenne, haben den Antreiber „Streng dich an!" oder „Sei perfekt!" immer eingeschaltet und das wird dann im Alltag schnell zu einem Problem. Nicht nur für sie selbst, sondern auch für das Umfeld. Doch generell sind die Antreiber zunächst einmal positiv zu bewerten, da sie den Menschen motivieren und im positiven Sinn „antreiben". So steht hinter jedem inneren Antreiber im Grunde immer auch eine positive Eigenschaft, wie das Harmoniebedürfnis, der Fleiß, die Perfektion usw., also Persönlichkeitseigenschaften, die in unserem Arbeitsalltag oder in der Zusammenarbeit mit anderen Vorteile mit sich bringen. Doch wie so oft im Leben kann es schnell kippen, sodass es bei vielen Menschen im Alltag ein „Zuviel" wird (vgl. Amann/Egger 2017).

Die Gärtnerin fragt:

Na, was denken Sie? Betrachten Sie Ihren Alltag.

- Welchen Antreiber spüren Sie im Alltag überdeutlich? Welche oder welcher springt bei Ihnen oft an?
- Welche positiven Absichten könnte Ihr/könnten Ihre Antreiber haben? Welche Vorteile bringen Sie Ihnen?
- Gibt es auch Momente, in denen Sie Ihre Antreiber als störend oder lähmend erleben? Wenn ja, welche Momente sind das?

Zu viel von einem dieser Antreiber verursacht uns im Alltag oft Stress, kann uns unglücklich oder gar auf lange Sicht auch krank machen. Leider befeuert der Stress den stärksten inneren Antreiber jedoch noch mehr, sodass der Mensch immer mehr in eine Abwärtsspirale gerät, die im schlimmsten Fall im Burn-out endet. Daher gilt es, die inneren Antreiber gut im Blick zu behalten. Beim Gärtner ist es ähnlich, auch da schadet ein „Zuviel“: Zuviel an Dünger, Wasser, Sonne, Bodenkultivierung.

5.6 Innere Antreiber versus unsere Bedürfnisse

Alle inneren Antreiber stehen immer in enger Verbindung zu unseren Bedürfnissen. Kahler beschreibt, dass sich die Antreiber durch die Motivation ausprägen, unsere Grundbedürfnisse zu erfüllen. Zu diesen Bedürfnissen gehört neben der Selbstbestimmung und Autonomie, auch die Bindung und Anerkennung, der Selbstschutz, das Leistungsstreben, die Unlustvermeidung und das Wohlbefinden. Alle Menschen lernen über viele Jahre hinweg, dass diese Bedürfnisse durch bestimmte Verhaltensweisen erfüllt werden und übernehmen dieses Verhalten dann als automatisches Reaktionsmuster, wenn das Bedürfnis nicht erfüllt wird. Zum Beispiel befriedigt der Antreiber „Sei perfekt!“ unser Bedürfnis nach Leistung und Anerkennung oder der Antreiber „Mach es allen recht!“ unser Bedürfnis, anderen zu gefallen, anerkannt und geliebt zu werden (vgl. Mauritz 2021).

Immer wenn ein wichtiges Bedürfnis im Alltag nicht erfüllt wird, werden unsere inneren Antreiber „eingeschaltet“, also aktiviert. Unsere automatische Reaktion mit dem erlernten Verhaltensmuster ist dann die Antwort auf diese Aktivierung. So dienen uns die inneren Antreiber als Richtschnur für unsere Lebensgestaltung, selbst wenn sie uns manchmal auch schaden können. Und da wir automatische Reaktionen und das damit ausgelöste Verhalten ab einem gewissen Zeitpunkt nicht mehr hinterfragen, sondern einfach nur noch „abspulen“, ist der erste Schritt zur Veränderung, wie so oft, die Selbstreflexion, verbunden mit den Fragen: „Passt mein Verhalten in dieser Situation noch? Will ich mich wirklich so verhalten? Kann ich mit diesem Verhalten die Situation für mich gut lösen, gar auflösen?“ (vgl. Amann/Egger 2017)

Der Diplom-Psychologe Prof. Dr. Gert Kaluza, Gründer des GKM-Instituts, beschreibt die inneren Antreiber als „persönliche Stressverschärfer“, da sie besonders in Arbeitssituationen deutlich werden und sowohl Vor- als auch Nachteile mit sich bringen. Zunächst haben sie nützliche Eigenschaften, so Kaluza, die uns helfen und dafür sorgen, dass unsere drei Grundbedürfnisse (Stimulierung, Beachtung/Anerkennung und Struktur) erfüllt werden. Das ist wichtig für uns, da „psychologische Grundbedürfnisse ein Leben lang zunächst gestillt und befriedigt werden müssen, damit wir seelisch gedeihen und unser Potential entfalten können“ (vgl. Amann/Egger 2017).

Würden wir unsere Grundbedürfnisse nicht ernstnehmen, gar vernachlässigen, wären wir nicht in der Lage, Aufgaben und Herausforderungen zu meistern und würden uns zudem unsere Grundlage für Leistungsfähigkeit, Lebendigkeit sowie auch Lebensfreude und Wohlbefinden entziehen. Daher ist es wichtig, dass wir auf die Befriedigung unserer psychologischen Grundbedürfnisse achten, da sie auch für unser Selbstbewusstsein und unsere Selbstständigkeit Einfluss nehmen. Kein Wunder also, dass unsere inneren Antreiber uns antreiben – zunächst durchaus mit positiver Absicht, denn ihre Eigenschaften sind wertvoll und nützlich für uns (vgl. Amann/Egger 2017).

Die positiven Absichten der Antreiber

Wenn wir somit durch die positive Brille auf unsere inneren Antreiber schauen, können wir diese wie folgt interpretieren:

- Sei stark!
  Positive Interpretation der Absicht:
  Sei unabhängig, du kannst und schaffst das allein, du bist nicht auf fremde Hilfe angewiesen, du hältst viel aus, bist belastbar!

- Sei perfekt!
  Positive Interpretation der Absicht:
  Sei genau, gib dich nicht mit dem Zweitbesten zufrieden, achte auf Qualität, vermeide Fehler, es geht noch besser!

- Beeil dich!
  Positive Interpretation der Absicht:
  Nutze deine Chancen und Fähigkeiten, du schaffst mehr, wenn du dich beeilst, Zeit ist Geld - verschwende sie nicht, sei schnell und trödle nicht herum!

- Mach es allen recht!
  Positive Interpretation der Absicht:
  Sei freundlich, unterstütze andere, wenn andere sich wohlfühlen, geht es auch dir gut, sei liebenswürdig, schenke Freude, mach andere glücklich!

- Streng dich an!
  Positive Interpretation der Absicht:
  Glaub an dich und deine Fähigkeiten, halte durch, zeig Ausdauer, du kannst noch mehr, wenn du nur willst! (vgl. Amann/Egger 2017, S. 170).

Gleichwohl könnten wir nun aber auch die negative Brille aufsetzen, um auf unsere inneren Antreiber zu schauen, da sie sich im Alltag schnell verstärken und sogar verstetigen können. Dann haben sie nicht mehr unterstützende Funktionen, die uns helfen, produktiv und zufrieden zu leben, sondern wandeln sich in das genaue Gegenteil. Sie engen uns ein und tun uns langfristig nicht mehr gut, da sie zu inneren Überzeugungen mutieren, die uns korsettartig einschnüren. „In bestimmten Situationen spielen sie sich als fundamentale Lebensgrundsätze auf, ohne die man sich nicht mehr okay fühlt.“ (vgl. Amann/Egger 2017, S. 171).

Die negativen Auswirkungen der Antreiber

Interpretieren ließen sich die inneren Antreiber dann so:

- Sei stark!
  Negative innere Überzeugung:
  Ich kann das allein! Ich brauche niemanden. Es ist für mich sowieso viel besser, nicht auf fremde Hilfe angewiesen zu sein. So schütze ich mich auch vor Enttäuschungen. Es soll auch keiner mitbekommen, wenn ich schwach, verletzlich oder ratlos bin.

- Sei perfekt!
  Negative innere Überzeugung:
  Ich darf keine Fehler machen, das wäre fatal. Was würden dann die ande-

ren von mir denken? Mit weniger als 100 Prozent gebe ich mich nicht zufrieden. Gut ist nicht gut genug, ich muss es noch besser machen.

- Beeil dich!
  Negative innere Überzeugung:
  Zeit ist kostbar, ich darf sie niemals vergeuden. Ich muss immer mit allem schnell fertig werden, denn Faulheit ist schlimm. Ich muss immer fleißig sein und darf den Tag nicht verschwenden, es gibt noch so viel zu tun.

- Mach es allen recht!
  Negative innere Überzeugung:
  Ich muss allen gefallen, sie müssen mich mögen, gar lieben, sonst bin ich nicht okay. Daher muss ich alle zufriedenstellen. Es ist wichtiger, andere glücklich zu machen als mich selbst. Daher sollen sich auch alle gut verstehen.

- Streng dich an!
  Negative innere Überzeugung:
  Gut ist nicht gut genug, denn es geht noch besser. Die Leistung zählt, denn von nichts kommt nichts. Schwächen darf ich niemals zeigen und zugeben, ich muss mich einfach noch mehr anstrengen. Sich auszuruhen ist Schwäche, denn da geht noch was. (vgl. Amann/Egger 2017, S. 172–175).

Mit Blick auf diese Negativbetrachtung wird schnell deutlich, dass diese inneren Überzeugungen, genährt durch die inneren Antreiber, dem Menschen nicht mehr guttun. Langfristig machen sie unglücklich, unzufrieden und häufig auch krank. Denn „in ihrer Übertreibung, ihrem Absolutheitsanspruch und ihrer Ausschließlichkeit sind sie nicht zu erfüllen und belasten zudem das Miteinander mit anderen Menschen erheblich“, da sie zum Maß aller Dinge gemacht werden und andere Menschen diesem Maß natürlich nicht entsprechen können und auch wollen. Zudem wird das Denken beeinflusst, da die inneren Antreiber immer und ständig, also in jedem Fall, ohne Ausnahme gelten und sich damit negativ im Beruf und auch Privatleben auswirken. (Amann/Egger 2017, S. 171)

Würden wir die Vor- und Nachteile der inneren Antreiber mit Blick auf die Arbeit (in der Kita) in einer Tabelle gegenüberstellen, könnte diese wie folgt aussehen:

Antreiber	Vorteile für das Arbeitsverhalten	Nachteile für das Arbeitsverhalten	Typische Merkmale
Sei stark!	Hohe Belastbarkeit und hohes Durchhaltevermögen, große Unabhängigkeit, Klarheit, Stärke, Durchsetzungsfähigkeit	Will alles allein schaffen, kann schlecht Hilfe annehmen, häufig Einzelkämpfer	Keine Schwäche zeigen, Gefühle vor anderen verbergen, Aufgeben kommt nicht infrage
Sei perfekt!	Hohe Arbeitsqualität und Detailgenauigkeit, häufig exzellente Planungskompetenz und geringe Fehlerquote	Teilweise hoher Zeitaufwand, häufig viele Wiederholungsschleifen, da: Geht noch besser, mit den Leistungen anderer häufig nicht zufrieden	Erhofft sich Anerkennung, häufiges Rechtfertigen, nimmt gern Kritik oder Ergänzungen vor
Beeil dich!	Schnelles und häufig auch sehr flexibles Arbeiten, hohe Entscheidungsfreudigkeit und Anstrengungsbereitschaft, schafft viel in kurzer Zeit	Häufig wie getrieben bzw. wie auf dem Sprung, wenig Geduld mit anderen, schnelles Redetempo, unterbricht dadurch auch schnell andere, manchmal oberflächlich bei der Aufgabenausführung	Multitasking, Arbeiten unter Zeitdruck, Erfolgszwang, Ruhe und Erholung wird negativ kommentiert
Mach es allen recht!	Gute Teamplayer, hohe Empathie, Freundlichkeit, hohe Hilfsbereitschaft, Harmoniesuchend, oft ausgleichend und macht fast immer den ersten Schritt in Richtung Versöhnung	Sehr geringe Kritikfähigkeit – fühlt sich schnell angegriffen, vernachlässigt oft die eigenen Bedürfnisse, da die Sorge den anderen gilt, macht schnell Zugeständnisse oder stimmt schnell zu	Verantwortungsübernahme für andere und deren Befinden, kann nur schwer „Nein!" sagen, will beliebt sein, stellt sich immer hinten an
Streng dich an!	Sehr belastbar und hohe Engagiertheit, begeisterungsfähig, hohe Ausdauer und hohes Pflichtbewusstsein, Durchhaltevermögen, streben nach Verbesserungen, sehr kreativ und ideenreich	Verliert häufig die eigene und auch die Belastungsgrenzen anderer aus den Augen, neigt dazu, sich und andere zu überfordern, oft zu hohen Anspruch an sich und andere	Vorwürfe, wenn etwas nicht klappt, da Betroffene sich dann nicht genug angestrengt haben, entspanntes Genießen nach einer Leistung fällt schwer, es reicht nie oder selten

Tabelle erstellt von Ursula Günster-Schöning, angelehnt an Mauritz S, Resilienz Akademie (2021) und Amann Ella G. & Egger Anna (2017)

Damit aus den positiven Absichten der inneren Antreiber nicht negative Überzeugungen werden, ist es besonders für Führungskräfte wichtig, sich mit ihnen ehrlich und auch selbstkritisch auseinanderzusetzen, um sie ggf. neu zu bewerten und Entlastungsideen zu entwickeln.

Der Gärtner fragt:

Konnten Sie sich in einem Antreiber wiederfinden?

Wenn nicht, hilft Ihnen vielleicht der Selbsttest im Anhang oder Sie machen einen Selbsttest online. Auf dieser Webseite können Sie ihn kostenfrei durchführen:

https://www.transaktionsanalyse-online.de/antreiber-test/

Da die Auseinandersetzung mit dem Antreibermodell häufig schnell defizitär wird, da die Benennung der Anteile defizitorientiert sind, sollten Sie den Fokus eher auf die guten Absichten der Antreiber richten und sie durch „Erlauber" ergänzen. Diese können Ihnen helfen, in Ihrem Führungsalltag leichter und stressfreier zurechtzukommen.

5.7 Aus Antreibern werden Erlauber

> „Erlauber sind Glaubenssätze, die den Zwang des Antreibers lösen. Jeder innere Antreiber hat solche ‚Konter-Glaubenssätze', der Druck und Belastung entfernen." (Mauritz 2021)

An dieser Stelle möchte ich Ihnen einige Beispiele anbieten, wie solche Erlauber formuliert werden könnten. Generell ist es jedoch genauso hilfreich und wichtig, dass Sie eigene individuelle Erlauber formulieren und diese dann regelmäßig trainieren, bis Sie feststellen, dass sich bestimmte Verhaltensweisen bei Ihnen verändert haben.

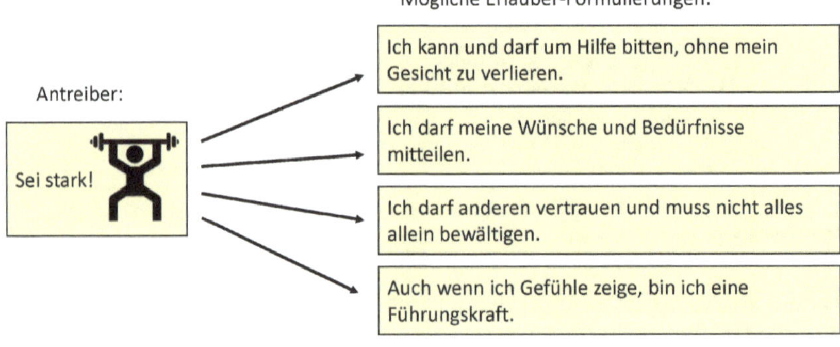

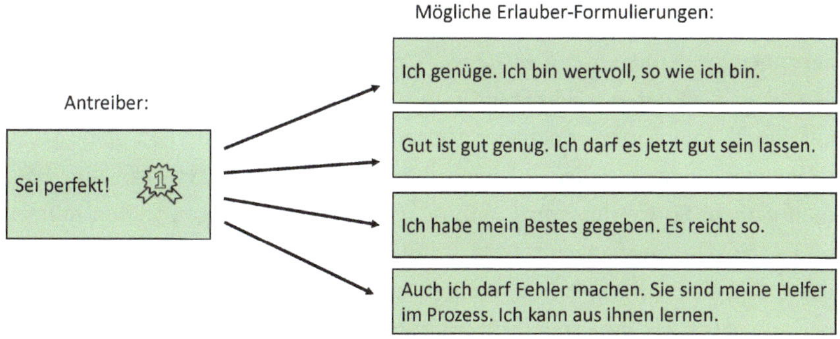

Mögliche Erlauber-Formulierungen:

Antreiber:

Sei perfekt!

- Ich genüge. Ich bin wertvoll, so wie ich bin.
- Gut ist gut genug. Ich darf es jetzt gut sein lassen.
- Ich habe mein Bestes gegeben. Es reicht so.
- Auch ich darf Fehler machen. Sie sind meine Helfer im Prozess. Ich kann aus ihnen lernen.

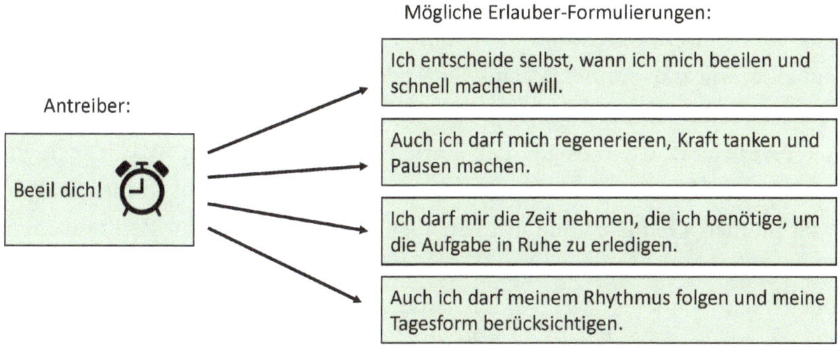

Mögliche Erlauber-Formulierungen:

Antreiber:

Beeil dich!

- Ich entscheide selbst, wann ich mich beeilen und schnell machen will.
- Auch ich darf mich regenerieren, Kraft tanken und Pausen machen.
- Ich darf mir die Zeit nehmen, die ich benötige, um die Aufgabe in Ruhe zu erledigen.
- Auch ich darf meinem Rhythmus folgen und meine Tagesform berücksichtigen.

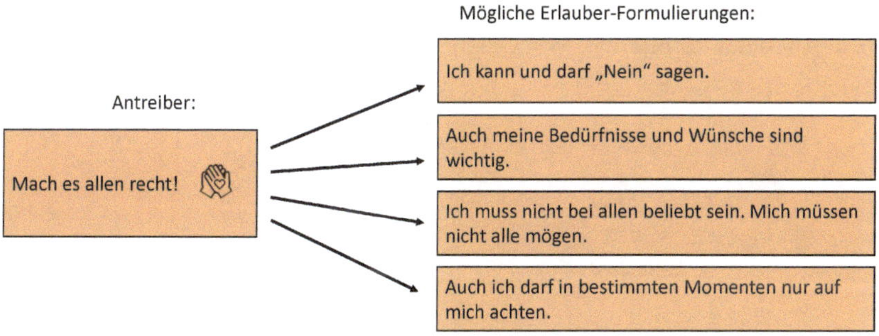

Mögliche Erlauber-Formulierungen:

Antreiber:

Mach es allen recht!

- Ich kann und darf „Nein" sagen.
- Auch meine Bedürfnisse und Wünsche sind wichtig.
- Ich muss nicht bei allen beliebt sein. Mich müssen nicht alle mögen.
- Auch ich darf in bestimmten Momenten nur auf mich achten.

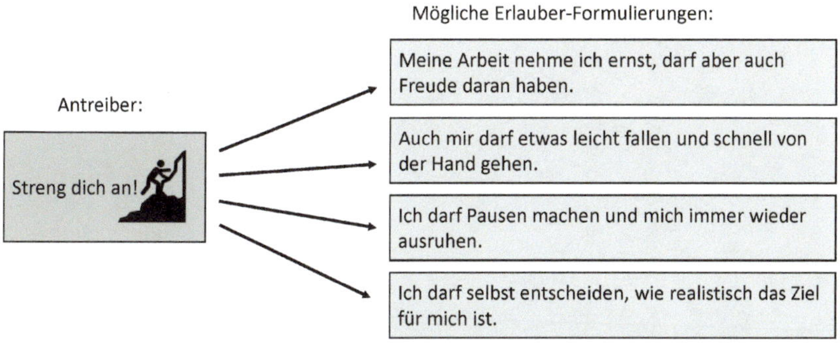

Mögliche Erlauber-Formulierungen:

Antreiber:

Streng dich an!

- Meine Arbeit nehme ich ernst, darf aber auch Freude daran haben.
- Auch mir darf etwas leicht fallen und schnell von der Hand gehen.
- Ich darf Pausen machen und mich immer wieder ausruhen.
- Ich darf selbst entscheiden, wie realistisch das Ziel für mich ist.

Abbildungen 9–13: erstellt von Ursula Günster-Schöning, angelehnt an Mauritz S, Resilienz Akademie (2021) und Amann Ella G. & Egger Anna (2017) Seite 172–175

Auch die/der Gärtner_in kann uns helfen, mehr an unsere Erlauber-Formulierungen zu denken, denn er/sie weiß, man kann sich noch so sehr anstrengen, aber der Garten wird nie fertig sein. Man kann mit großer Anstrengung auf Perfektion achten, doch der Garten wird nie ganz perfekt sein. Selbst wenn man versucht, allen Pflanzen, Blumen, Sträuchern, Hecken und Bäumen gerecht zu werden, wird man dennoch Entscheidungen treffen müssen und Pflanzen umpflanzen, Hecken stutzen und Bäume beschneiden, damit das große Ganze harmoniert, wachsen und gedeihen kann. Und die/er Gärtner_in weiß auch, dass stark sein wichtig ist, da man anpacken und bei Wind und Wetter im Garten unterwegs sein wird. Sie/er weiß aber auch genauso gut, dass Pausen, Ruhe- und Reifephasen wichtig sind, dass man jedoch nicht auf alles, wie z. B. Sonne, Regen, Wind oder Schädlinge, Einfluss hat und alles allein schaffen muss. Man holt sich daher hin und wieder Hilfe oder gar schweres Gerät, wenn es gilt, den Garten neu zu kultivieren. Was jedoch am meisten ins Gewicht fällt, ist, dass Gärtner_innen sich nicht immer beeilen, weil Blumen, Gemüse und Obst von allein wachsen und dafür Zeit brauchen. Und so weiß man auch, dass man Geduld braucht, denn Pflanzen wachsen auch nicht schneller, wenn man daran zieht. Von daher gönnt sich ein_e Gärtner_in auch nach getaner Arbeit eine Pause, schaut mit Stolz auf das, was sie/er geschaffen oder bearbeitet hat und freut sich über sich und seine Arbeit. Auch das könnten Sie von Gärtner_innen lernen.

Kapitel 6:
Das Gartensystem

Quelle: AdobeStock 228690944

„Ein Garten ist eine Akademie der blühenden Künste."
Renate Gabriele Pyhrr

6.1 Systemisch lösungsorientiertes Denken und Handeln in der Kita

Auch Gärtner_innen denken systemisch. Denn jeder Garten lebt von seinen Grundlagen, ob er nun mit prachtvollen Blüten glänzt oder ob er Kräuter, Gemüse oder Obst hervorbringt. Daher ist es für Gärtner_innen generell wichtig, sich über Erde und Standorte seiner Pflanzen Gedanken zu machen, sowie über das generelle Zusammenspiel im Garten. Denn Gärtner_innen wissen, dass alles miteinander in Zusammenhang steht, systemisch verbunden ist. Und so benötigen sie für einen gesunden, grünen und blühenden, vielleicht auch ertragreichen Garten nicht nur einen „grünen Daumen", sondern auch ein gewisses Gespür für Ordnung und Grundlagenwissen über das Öko-System des Gartens.

Abbildung 14: Ursula Günster-Schöning

Doch was ist überhaupt ein System?

> „Ein System ist ein Gebilde, das aus verschiedenen Einzelteilen (Komponenten) zusammengesetzt ist. Zwischen diesen Einzelteilen bestehen Beziehungen (Relationen). Die einfachste Form eines Systems besteht aus zwei Dingen und deren Verbindungen miteinander. Dadurch, dass Komponenten und Relationen eines Systems festgelegt werden, erhält das System zudem eine Systemgrenze. Diese Grenze trennt das System von seiner Systemumwelt, also von allen Komponenten und Relationen, die nicht Bestandteil des beschriebenen Systems sind." (Lindemann 2021, S. 25)

Beispiel: Der Garten

Würden wir beispielsweise den Garten als ein (Garten)System beschreiben, lassen sich die einzelnen Bäume, Sträucher, Pflanzen, Hecken, die Blumen, Wege, also die Gartenlandschaft, als einzelne Komponenten betrachten und man könnte die Beziehung zwischen ihnen z. B. wie folgt beschreiben:

Wie ist die Gartenlandschaft gestaltet? Wo verläuft der Zaun bzw. die Gartengrenze? An welcher Stelle wurden die Bäume, Sträucher, Pflanzen, Blumen gepflanzt? Wie wurde der Weg angelegt? Alles was außerhalb der Gartenlandschaft liegt gehört bei dieser Betrachtung nicht mehr zum Gartensystem, sondern zu seiner Umwelt. Würden wir jetzt noch detaillierter schauen könnten wir auch jede einzelne Blume als (Unter)System beschreiben. Die anderen Bäume, Sträucher, Pflanzen oder Blumen gehörten dann nicht mehr zum (Unter)System Blume, sondern zu seiner Umwelt:

Denn die Blume besteht ebenso aus mehreren einzelnen Bestandteilen, wie Wurzel, Blütenboden, Kelch-, Kron-, Staub- und Fruchtblättern (Komponenten), die miteinander verbunden sind (Relation). Und würden wir noch kleinteiliger schauen, könnten auch die Pollen der Blume als (Unter)System beschrieben werden usw. So kann ein System immer sehr global oder sehr mikroskopisch betrachtet werden. Mit diesem Verständnis von System, können Sie Ihre Kita als großes Ganzes (das Kita-System) betrachten oder jedes Kind, jede Familie, jede_n Mitarbeiter_in ect. als (Unter)System im großen Ganzen die einerseits als abgeschlossene Einheiten interpretiert werden können und die zum anderen in Wechselbeziehung zueinanderstehen. Darüber hinaus können Sie die Komponenten und Relationen frei wählen und beschreiben, Grenzen ziehen und Umwelten bestimmen. „Diese Möglichkeit, durch verschiedene Systemebenen zu „zoomen", funktioniert auch in die andere Richtung." (Lindemann 2021, S. 25). Betrachten wir z. B. weitere Bestandteile des Gartens, wie den Gartenteich, die Sitzecke, Gräser, Steine und Insekten, steigt die Komplexität der Beschreibung. Mit Blick auf die Kita-System-Beschreibung könnte man auch das Außengelände, die Straßen, Geschäfte, gar den ganzen Stadtteil mit in den Blick nehmen und auch hier würde die Komplexität der Beschreibung steigen. Auch ließe sich der Garten als Teil des weltweiten Klima-, Öko- oder Wirtschaftssystems betrachten, sowie man die Kita als Teil der Stadt, der Kinder- und Jugendhilfe, des Bundesdeutschen Bildungssystems betrachten könnte. Sie selbst bestimmen immer die Größe, Detaillierung und Komplexität des Systems durch Ihre ganz persönliche Auswahl und Beschreibung (vgl. Lindemann et al. 2021).

„Systeme sind somit immer Beschreibungen von jemandem oder auch gemeinschaftliche Beschreibungen und keine von vornherein bestehenden Gegebenheiten. Ihre Netzwerke und Verschachtelungen sind beobachterabhängig“ (Lindemann 2021, S. 26) und können je nach Wahrnehmung Beobachtung und Beschreibung variieren. Daher gibt es auch nicht dass eine absolute System sondern immer die Vielfalt möglicher Systembeschreibungen.

Ebenso wie Gärtner_innen in Öko-Systemen arbeiten, arbeiten Führungskräfte in Kita-Systemen. Daher brauchen auch sie Grundlagenwissen und ein gewisses systemisches Verständnis, um ihre Organisation – die Kita – und das Team zum Blühen zu bringen.

Abbildung 15: Quelle: Bertelsmann Stiftung, modifiziert und abgeändert durch Ursula Günster-Schöning

Jede Kita agiert immer in einem systemischen Gesamtkontext und ist abhängig von gesellschaftlichen Trends und Entwicklungen, Gesetzesänderungen und Vorgaben sowie aktuellen Anlässen, Krisen oder dem natürlichen oder künstlich hervorgerufenen Wettbewerb der Kitas untereinander, innerhalb eines bestimmten Umfeldes, wie z. B. dem Stadtteil oder der Gemeinde. Zudem unterliegt jede Kita bestimmten betrieblichen Kennziffern, Betriebsabläufen, Kunden- bzw. Eltern und Kinderwünschen. Der Handlungsrahmen wird durch betriebliche Rahmenbedingungen vorgegeben, die Einfluss auf Abläufe, personelle Besetzungen und Zeitressourcen nehmen. Der Träger und Sie als Kitaleitung nehmen Einfluss auf die Strategie und entwickeln gemeinsam mit Ihrem Team Ziele, die durch Maßnahmen und Handlungen umgesetzt werden. Was das ganze System zusammenhält und prägt, ist die Kitakultur, also die Identität. Das pädagogische Konzept und auch die Leitlinien sowie Werte richten sich an dieser Identität aus und erfüllen sie gleichsam mit Leben.

Der Gärtner fragt:

- Wie würden Sie Ihr Kita-System beschreiben?
- Was verstehen Sie dabei unter einem System?
- Und vor allem: Was bedeutet für Sie systemisches Denken und Handeln?

Machen Sie sich dazu kurz Notizen, bevor Sie weiterlesen.

6.2 Systemisch denken und handeln

Als Führungskraft einer Kita ist es wichtig – analog dem/der Gärtner_in – immer das große Ganze im Blick zu behalten und alle Einzelteile des Systems gezielt wahrzunehmen, mal ran- oder weiterweg zu „zoomen“. Systemisch denken und handeln heißt daher auch, Personen- und Lösungsvielfalt anzuerkennen sowie die Unvorhersagbarkeit von Entwicklungen. Letztendlich sind es immer die unterschiedlichen Sichtweisen, Wahrnehmungen und Haltungen, die durch Prozesse zusammengebracht werden müssen.

Zudem entwickelt oder „konstruiert“ sich jeder Mensch seine ganz eigene Sichtweise auf die Welt, die jeweiligen Personen, Situationen und das jeweilige System. Daher unterscheiden sich (System)Beschreibungen auch erheblich voneinander. Systemisches Denken bedeutet daher „sowohl als auch“ statt „entweder … oder“ zu denken. „Im Grunde genommen müssten wir immer sagen: „Es könnte so sein … aber auch so … oder so … oder so … oder so ….“ (Lindemann 2021, S. 29) So führen viele Wege zum Ziel und es gibt nie nur „den einen richtigen“ Weg. Daher setzt systemisches Handeln in der Kita voraus, dass pädagogische Fachkräfte in der Lage sind, Menschen, Situationen, Prozesse und auch Systeme genau zu beobachten und zu beschreiben – bestenfalls reflektiert, zirkulär und kontextbezogen (vgl. Lindemann et al. 2021).

Der Diplompädagoge Prof. Dr. Holger Lindemann hat systemisches Denken in vier präzise Leitsätze zusammengefasst, die ich hier gerne zitieren möchte, da Sie das systemische Denken meiner Auffassung nach fokussiert auf den Punkt bringen:

Sein erster Leitsatz für systemisches Denken lautet:

> *„Bedenke, dass es sehr viele Sichtweisen einer Sache (bzw. Beschreibungen eines Systems) gibt, die alle ihre Berechtigung haben. Jeder Mensch, also auch du selbst, kann ein System immer nur so beschreiben, wie es seiner Erfahrung, seinen Vorlieben und Interessen, seiner Herkunft, seiner Ausbildung, seinem Wissen und seinen Zielen und Beobachtungsgewohnheiten entspricht.“* (Lindemann 2021, S. 32)

Im systemischen Denken geht man davon aus, dass alles miteinander verbunden ist. So könnte beispielsweise ein Mobile als Metapher für das systemische Denken stehen, da es aus verschiedenen Elementen besteht, die einerseits als abgeschlossene Einheit (System) interpretiert werden können und die zum anderen in Wechselbeziehung zueinanderstehen. Denn egal, an welcher Stelle man ein Mobile anstößt, alle Teile bewegen sich, ohne dass im Voraus ersichtlich wäre, welche Bewegungen sich wie fortpflanzen (vgl. Schiepek 2012). Daraus lässt sich schlussfolgern: Um einen bestimmten Teil eines z. B. Team- oder Familiensystems in Bewegung zu bringen, muss man nicht direkt an diesem bestimmten Teil ansetzen, sondern kann eine ganz andere Stelle wählen, um eine Veränderung im System zu erzeugen (vgl. Lindemann et al. 2021).

Sein zweiter Leitsatz für systemisches Denken lautet daher:

> *„Bedenke, dass es viele Möglichkeiten gibt, ein Ziel oder eine Lösung zu erreichen. »Viele Wege führen nach Rom.« Man kann andere Personen dabei unterstützen, Landkarten ihrer Wirklichkeit zu entwickeln und Wegweiser für ihren eigenen Weg zu setzen. Es ist und bleibt aber immer »ihr Land« und gehen müssen sie den Weg auch selbst. Der direkte Weg zu einem Ziel ist nicht immer zugänglich oder kann sogar ganz versperrt sein, daher wird es auch immer Umwege geben.“* (Lindemann 2021, S. 33)

Für komplexe Team- oder Familiensysteme und den Umgang mit ihnen ist es unmöglich, ein allgemein- und endgültiges „Rezept" zu schreiben, wie man nun genau vorgehen muss, auf dass die Menschen „funktionieren". Denn nur ganz wenige Systeme reagieren vorhersagbar und lassen sich von außen steuern (vgl. Lindemann et al. 2021). Daher sollten wir im Alltag die Anzahl an möglichen Lernanlässen und Lernfeldern erhöhen, um eine breite Auswahl an machbaren Lösungswegen zu bieten. „Alles, was hilfreich erscheint, die Anzahl unterschiedlicher Lebensstrategien und die Anzahl individueller Fähigkeiten von Kindern, Familien, den Teammitgliedern zu erhöhen, ist sinn- und wertvoll" (Ott 2007, S. 55).

Sein dritter Leitsatz für systemisches Denken lautet:

> *„Bedenke, dass es keine endgültigen Handlungsanleitungen geben kann, die dir eigene Entscheidungen und die Verantwortung für dein Handeln abnehmen. Und wenn du für dich eine gute Handlungsleitung gefunden hast, muss sie nicht auch für andere hilfreich sind."* (Lindemann 2021, S. 33)

Im pädagogischen Alltag einer Kita kann mit Blick auf eine systemische Beratung des Teams oder der Familien diese immer nur unter Berücksichtigung des jeweiligen „Lebenskontexts" angemessen verstanden und durchgeführt werden. Dies gilt es zu beachten und bedenken. Daher kann das Einzuwirken auf ein Team, eine Mitarbeiterin, einen Mitarbeiter, ein Kind oder dessen Eltern / Familie, immer nur eine gemeinschaftliche Aufgabe des Aushandelns und der Einigung, bei der alle Beteiligten ihre Sichtweise gleichermaßen einbringen können, sein (vgl. Lindemann et al. 2021).

Sein vierter Leitsatz für systemisches Denken lautet:

> *„Bedenke, dass es oft entscheidend ist, ob die Beteiligten ihre Beobachtungen und Beschreibungen miteinander teilen und bei dem Versuch, auf ein System einzuwirken, zusammenarbeiten."* (Lindemann 2021, S. 33).

Die folgende Abbildung fasst die wichtigsten Aspekte systemischen Denken und Handelns noch einmal zusammen:

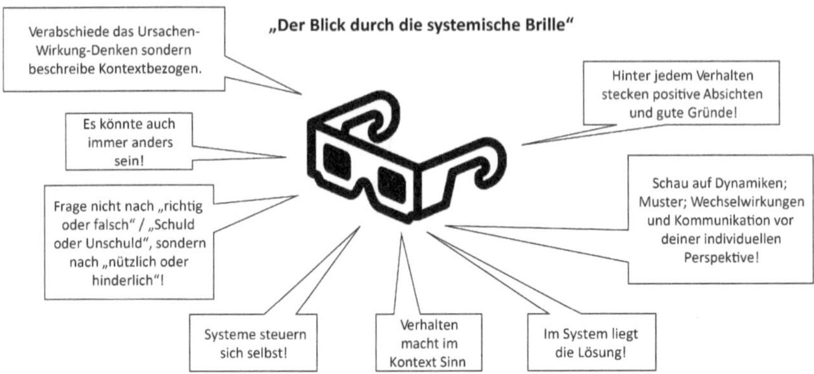

Abbildung 16: Quelle: potenzialentfaltung.org, modifiziert und ergänzt von Ursula Günster-Schöning

Der systemische Blick durch die Brille macht deutlich, dass es das eine allgemeingültige Kita-System als solches nicht gibt. Vielmehr ist jede Kita für sich eine lernende Organisation, sowie anpassungsfähige, auf äußere und innere Reize reagierende Organisation, die sich von jeder anderen Kita unterscheidet, auch wenn es so scheint, als hätten alle ähnliche Grundvoraussetzungen mit Blick auf Gesetzesvorgaben, Rahmenbedingungen, Personaleinsatz und Bildungsansprüche (vgl. Lindemann et al. 2021). Und dennoch gleicht keine Kita der anderen. Auch sind die allgemeinen Vorstellungen und Überzeugungen davon, was für die Entwicklung eines Kindes gut sei, einem permanenten Wandel unterlegen. Und so verändern sie sich im Verlauf der Zeit und variieren je nach kulturellem Hintergrund und gesellschaftlichem Selbstverständnis (vgl. Keller 2011).

Darüber hinaus gibt es sehr große Unterschiede zwischen den vielfältigen Sozialräumen innerhalb einer Stadt, den unterschiedlichen Stadtteilen oder Gemeinden in denen Kitas angesiedelt sind. Eine Kita in Mülheim an der Ruhr hat mit anderen Themen zu tun als eine Kita auf dem Land beispielsweise in Geeste oder einer Kita in der Innenstadt von Frankfurt. Erschwerend kommt hinzu, dass wir es bundesweit mit einer enormen Trägervielfalt zu tun haben, die mit ihren verschiedenen Organisationsformen, Werteorientierungen und Besonderheiten die Kita-Landschaft sehr divers und vielfältig prägen. Das System Kita und jede Einrichtung für sich ist daher einmalig, speziell, insbesondere in stark heterogenen Einrichtungen mit Familien unterschiedlicher kultureller und sozialer Herkunft (vgl. Lindemann et al. 2021).

Und so gibt es auch nicht *den einen* Führungsstil, der für alle Kitaleitungen gleichermaßen passend ist. Jede Führungskraft muss für sich ihren eigenen Führungsstil für die eine Kita finden, in der sie gerade tätig ist, oder in der sie künftig tätig sein will. Der Versuch, allen Führungskräften den gleichen Führungsstil überzustülpen und sie somit über einen Kamm zu scheren, kann nur zu Missverständnissen und damit auch zu Enttäuschungen und Konflikten führen.

Aus diesem Grund möchte ich mit diesem Buch niemanden missionieren oder alle davon überzeugen, wie ein_ Gärtnerin zu führen. Jede_r muss für sich selbst entscheiden, ob und inwieweit er meinen Ideen, Ansätzen und Interpretationen folgen möchte.

Der Gärtner fragt:

Haben Sie sich schon vor diesem Kapitel mit dem Thema „Systemisches Denken und Handeln" beschäftigt?

Zielgerichtete Kommunikation und systemisches Denken und Handeln sind meiner Auffassung nach Schlüsselkompetenzen für jede Führungskraft, deshalb lohnt es sich, sich das notwendige Handwerkszeug sowie Tipps, Methoden und Techniken anzueignen, damit Sie Gespräche aller Art künftig erfolgreich meistern können und darüber hinaus mit dem zugehörigen Fachwissen versorgt sind.

6.3 Der Kindergarten als „Lebensraum" – zukunftsorientierte Organisationsentwicklung

Unabhängig davon, ob Sie nun künftig Ihre Kita so oder so leiten, führen oder gestalten wollen, sind zwei Aspekte meiner Meinung nach für alle pädagogischen Einrichtungen allgemeingültig: Der Wille zur Kindorientierung und Verantwortungsgemeinschaft.

Jede Kitaleitung und auch pädagogische Fachkraft sollte sich immer wieder fragen, aus welchem Motiv heraus in ihrer Kita gehandelt wird. Oder eben auch nicht. Wie werden Dinge gesagt, Veränderungen angenommen, zugelassen oder auch nicht? Stehen in dieser Einrichtung, in allen Gruppen, bei allen Mitarbeiter_innen und auch der Leitung, wirklich die Kinder im Mittelpunkt des Denkens und Handelns oder doch eher die eigenen Bedürfnisse, Befindlichkeiten oder gar Bequemlichkeiten? Ist die Arbeit in dieser Kita für alle pädagogischen Fachkräfte, die Leitung eingeschlossen, in erster Linie nur ein Job, für den sie Geld bekommen, oder verstehen sie sich als Zukunftsgestalter und nehmen die damit verbundene Verantwortung in aller Konsequenz an, damit die Kita ein lebenswerter, gewaltfreier und kindorientierter Lebensraum ist? Stehen daher bei allen die Kinder und deren Bedürfnisse, Kinderrechte und Bildungschancen im Fokus der täglichen Arbeit? Und wenn ja, was tut dann jede_r Einzelne ganz persönlich dafür, dass alle im Team gut zusammenarbeiten können, um diesem gemeinsamen Anspruch zu genügen?

Wenn Sie als Führungskraft es schaffen, gemeinsam mit Ihrem Team eine Verantwortungsgemeinschaft zu bilden, die das eigenverantwortliche Denken und Handeln in den Mittelpunkt stellt, haben Sie einen guten „Nährboden", mit dem Sie weiterarbeiten können. Respekt, Wertschätzung, Ehrlichkeit, Vertrauen und Toleranz sind gute Samen. Wenn Sie ihn gemeinschaftlich ausbringen, pflegen, wässern und düngen, kann der jeweilige Samen zu kräftigen „Pflanzen" heranreifen. Durch eine gemeinsame Wertehaltung lässt sich eine gemeinsame Philosophie entwickeln und zu einer gemeinsamen Sprache finden, die das Team samt Leitung nach außen hin als eine in sich geschlossene Einheit auftreten lässt, obwohl jede_r im Team seine Identität, Einmaligkeit, Unverwechselbarkeit und Individualität behalten darf, denn das macht den „Garten" bunt, kraftvoll, lebendig und schön. Gemeinsame Kraftquellen wirken stärkend und unterstützen das Wachstum, genauso wie die Möglichkeit zur Selbstwirksamkeit und Weiterentwicklung, auf das die unterschiedlichen Potenziale, Talente und Ressourcen „aufblühen".

> *Es ist nie zu spät, die zu werden, die man hätte sein können!*
> (George Eliot)

6.4 Von der Absicht zur Umsetzung – Herzklopfen als Entwicklungshelfer

Wer Veränderung will, muss auch bereit sein, etwas dafür zu tun. Und so müssen gerade Führungskräfte oft mutig vorangehen und den ersten Spatenstich tun. Ihr Garten liegt mit aller Pracht vor Ihnen. Machen Sie etwas daraus! Sicherlich ist Herzklopfen damit verbunden, denn niemand möchte etwas falsch machen. Aber „so what?" Fehler gehören nun mal zum Leben, Lernen, Arbeiten dazu, und auch eine Führungskraft darf Fehler machen. Denn was entscheidet letztendlich darüber, wie wir unsere Fähig- und Fertigkeiten wirklich gut in der Praxis, im Kita-Alltag anwenden können? Es sind die Selbstwirksamkeitserwartungen bzw. Überzeugungen. Ich bin davon überzeugt, dass es mir gelingt! So geht ein_e Gärtner_in ans Werk, in seinen Garten, und vertraut dann auf den Prozess – seine Pflanzen, Bäume, Sträucher und Anpflanzungen, dem Saatgut. Vertrauen auch Sie auf Ihre Selbstwirksamkeit und helfen Sie Ihrem Team dabei, eigene Selbstwirksamkeitsüberzeugungen zu entwickeln. Das schaffen Sie, indem Sie

- ihnen eigene Erfolgserlebnisse ermöglichen.
- sie verbal ermutigen.
- es ermöglichen, dass alle im Team „Stellvertreter-Erfahrungen" machen können, also voneinander lernen können, um dann das Gelernte auf andere Situationen übertragen zu können und
- emotionale Neuinterpretationen in Situationen ermöglichen. Das geschieht immer dann, wenn ein_e Mitarbeiter_in über sich hinauswächst, weil Sie ihm eine Aufgabe übertragen haben. So steht er dann da mit Herzklopfen vor dem Scheitern oder möglichem Fehler, der passieren könnte, und blickt anschließend mit Stolz zurück, wenn er die Situation gemeistert hat. Selbstwirksamkeit braucht Herzklopfen – und so ist Herzklopfen auch immer ein Entwicklungshelfer!

Und nun möchte ich gern dieses Buch mit Hoffnungsgedanken beschließen, die ich bei Günther Hönfeld und Karin Döllä-Höhnfeld entdeckt habe.

Hoffnung ist die Grundlage, auf die der Mensch sein zukünftiges Handeln hin ausrichtet und seine Zukunft gestaltet. Ich wünsche Ihnen für Ihren jetzigen und künftigen Weg, dass Ihnen dieses Buch und die nachfolgenden Hoffnungsgedanken helfen, den eigenen Möglichkeitsraum zu überblicken und zu erweitern, um neue Potenziale zu entdecken, um aus einer Führungskraft, die Sie schon sind, eine Führungspersönlichkeit zu machen.

Als Kitaleitung führen und begleiten Sie nicht nur Ihr Team, sondern auch die Kinder und Eltern Ihrer Einrichtung in eine Zukunft, von der Sie und auch ich noch nichts wissen. Das ist anspruchs- und verantwortungsvoll sowie herausfordernd und kräftezehrend zugleich. Bewahren Sie sich für diese Aufgabe Kraft, Begeisterungsfähigkeit und den Mut, Entscheidungen zu treffen, auch wenn sie unbequem sind, und lassen Sie die Menschen um sich herum „aufblühen", indem Sie vielleicht künftig wie ein_e Gärtner_in führen.

6.5 Zehn Hoffnungsimpulse mit auf den Weg

Enthusiasmus …

ist das Herz der Hoffnung. Bleiben Sie aktiv, üben Sie Kontrolle aus, da wo es nötig ist, und vermeiden Sie die Opferrolle, indem Sie sich selbst führen. Selbstführung und Zuversicht sind eine erfolgreiche Kombination.

Hoffnungsfrage: Was lässt Sie beherzt nach vorne gehen?

Leidenschaft …

bedeutet, den Beruf und die damit verbundenen Aufgaben als Berufung zu sehen. Eine selbstfürsorglich-leidenschaftliche Haltung lautet: „Auch wenn ich nicht tue, was ich liebe, versuche ich dennoch zu lieben, was ich tue."

Hoffnungsfrage: Wie sehr begeistert Sie, was Sie tun? Wie können Sie für mehr Begeisterung sorgen?

Tatendrang …

ergibt sich, wenn man fokussiert und klare Ziele entwickelt, verfolgt, umsetzt und sich dann an deren Erreichung erfreut.

Hoffnungsfrage: Was bringt Sie ins Tun? Welche Zielerreichung würden Sie gern genießen?

Hilfsbereitschaft …

nährt sich aus einer positiven Weltsicht. Sie können sich bewusst vornehmen, in Zukunft darauf zu achten, eine Quelle der Fürsorge, Inspiration und Freude zu sein.

Hoffnungsfrage: Wem hilft zurzeit das, was Sie tun? Was brauchen Sie, um für andere da sein zu können?

Wertschätzung …

ist das Erkennen-lassen von Sympathie und gutem Willen. Sie können sie üben, indem Sie mit sich selbst und Ihren Mitarbeiter_innen wohlwollend umgehen.

Hoffnungsfrage: Wie können Sie bei der Unterschiedlichkeit der Mitarbeiter_innen ausdrücken, dass Sie sie wertschätzen? Wem würde was guttun?

Zugehörigkeit …

entsteht durch ähnliche Erfahrungen, etwa von Menschen, die vergleichbare Probleme erlebt und gelöst haben oder durch gemeinsame erfolgreich gemeisterte Aktionen und Projekte.

Hoffnungsfrage: Welche Möglichkeit sehen Sie gemeinsam mit Ihrem Team, Zugehörigkeit entstehen zu lassen? Welche Aktion könnte das begünstigen?

Identifikation …

bedeutet, sich in die Rolle oder Situation einer/eines Mitarbeiter_in hineinzuversetzen. Identifikation kann auch das Gefühl der Zugehörigkeit erzeugen und Hoffnung freisetzen.

Hoffnungsfrage: Was hilft Ihnen, damit Sie sich noch besser in Ihr Gegenüber hineinversetzen können, um mehr Verständnis zu entwickeln?

Sinn …

entspricht den Füßen, auf die Hoffnung gestellt werden will. Das „Wofür“ im Leben bringt einen sicheren Stand und sorgt für einen zuversichtlichen Blick in die Zukunft. Sinn entsteht, wenn man die Werte verwirklicht, die einem wichtig sind.

Hoffnungsfrage: Was ist Ihr „Wofür?“ Was ist Ihnen wirklich wichtig, mit Blick auf die Zukunft?

Positive Haltung …

zeigt sich in der Gewissheit, eine Lösung zu finden – oder zumindest alles dafür zu tun. Um sich nicht nur in Krisen zu ermutigen, hilft es, an positive Erfahrungen und gemeisterte Situationen zu denken. Auch Freude, Dankbarkeit und Liebe sind wichtige Aspekte, die eine positive Haltung begünstigen.

Hoffnungsfrage: An welche gemeisterten Situationen denken Sie gern zurück? Welche positive Haltung hat sich daraus entwickeln können?

Transzendenz …

ist der Glaube an eine höhere Macht oder ein noch größeres Ganzes. Das Erkennen von Schönheit und Großartigkeit der Natur – etwa eines Gartens. Ehrfurcht und Staunen, aber auch Achtsamkeit, Mediation und Kunst helfen, Transzendenz zu kultivieren. Hoffnungsfrage: Welcher Glaube, welche Spiritualität stärkt Sie? Wann waren Sie das letzte Mal in der Natur – etwa in einem Garten? (Alle Hoffnungsgedanken: Quelle: Hönfeld und Döllä-Höhnfeld, modifiziert und um Hoffnungsfragen ergänzt durch Ursula Günster-Schöning).

Und da in einem Buch nie alle Themen bearbeitet werden können, lade ich Sie ein, auf meinem Bildungskanal auf YouTube weiterzustöbern. Ich habe dort, neben viele aktuellen pädagogischen Themen, auch einige Themen für Führungskräfte hinterlegt:
https://www.youtube.com/c/UrsulaGünsterSchöning

Anhang

1. Erläuterung VUCA-Welt

Laut Prof. Dr. Oliver Bendel von der Fachhochschule für Wirtschaft (Nordwestschweiz FHNW) ist VUCA ein Akronym (Kurzwort), das sich wie folgt auflöst:

V (volatility): Flüchtigkeit
(Was gestern richtig war, kann morgen anders sein.)
U (uncertainty): Unsicherheit
(Die Zukunft ist ungewiss und wenig planbar.)
C (complexity): Komplexität
(Es gibt keine absolute Wirklichkeit oder Wahrheit.)
A (ambiguity): Mehrdeutigkeit
(Informationen und Zusammenhänge übersteigen oft die Auffassungsgabe.)

Beschrieben werden mit diesen vier Begriffen die vermeintlichen Merkmale der modernen, sich schnell verändernden Welt.

2. Der Antreibertest

Und so geht's:

Bestimmte Verhaltensweisen können einen ersten Hinweis auf die eigenen Antreiber geben. Beantworten Sie die Fragen so intuitiv und schnell wie möglich, ohne groß darüber nachzudenken. Die Skalierung ist wie folgt aufgebaut: 1 = Trifft gar nicht auf mich zu; 5 = Trifft völlig auf mich zu.

1	Wenn ich eine Arbeit mache, dann mache ich sie gründlich.	1	2	3	4	5
2	Ich fühle mich verantwortlich, dass diejenigen, die mit mir zu tun haben, sich wohlfühlen.	1	2	3	4	5
3	Ich bin ständig auf Trab.	1	2	3	4	5
4	Anderen gegenüber zeige ich meine Schwächen nicht gern.	1	2	3	4	5
5	Wenn ich raste, roste ich.	1	2	3	4	5

6	Häufig gebrauche ich Sätze wie: „Es ist schwierig, etwas so genau zu sagen."	1	2	3	4	5
7	Ich sage oft mehr, als eigentlich nötig ist.	1	2	3	4	5
8	Ich habe Mühe, Leute zu akzeptieren, die nicht genau sind.	1	2	3	4	5
9	Es fällt mir schwer, Gefühle zu zeigen.	1	2	3	4	5
10	„Nur nicht locker lassen!" ist meine Devise.	1	2	3	4	5
11	Wenn ich eine Meinung äußere, begründe ich sie auch.	1	2	3	4	5
12	Wenn ich einen Wunsch habe, erfülle ich ihn mir schnell.	1	2	3	4	5
13	Ich liefere einen Bericht erst ab, wenn ich ihn mehrere Male überarbeitet habe.	1	2	3	4	5
14	Leute, die „herumtrödeln", regen mich auf.	1	2	3	4	5
15	Es ist mir wichtig, von den anderen akzeptiert zu werden.	1	2	3	4	5
16	Ich habe eine harte Schale, aber einen weichen Kern.	1	2	3	4	5
17	Ich versuche oft herauszufinden, was andere von mir erwarten, um mich danach zu richten.	1	2	3	4	5
18	Leute, die unbekümmert in den Tag hineinleben, kann ich nur schwer verstehen.	1	2	3	4	5
19	Bei Diskussionen unterbreche ich die anderen oft.	1	2	3	4	5
20	Ich löse meine Probleme selber.	1	2	3	4	5
21	Aufgaben erledige ich möglichst rasch.	1	2	3	4	5
22	Im Umgang mit anderen bin ich auf Distanz bedacht.	1	2	3	4	5
23	Ich sollte viele Aufgaben noch besser erledigen.	1	2	3	4	5
24	Ich kümmere mich persönlich auch um nebensächliche Dinge.	1	2	3	4	5
25	Erfolge fallen nicht vom Himmel, ich muss sie hart erarbeiten.	1	2	3	4	5
26	Für dumme Fehler habe ich kein Verständnis.	1	2	3	4	5
27	Ich schätze es, wenn andere auf meine Fragen rasch und bündig antworten.	1	2	3	4	5
28	Es ist mir wichtig, von den anderen zu erfahren, ob ich meine Sache gut gemacht habe.	1	2	3	4	5

29	Wenn ich eine Aufgabe einmal begonnen habe, führe ich sie auch zu Ende.	1	2	3	4	5
30	Ich stelle meine Wünsche und Bedürfnisse zugunsten derjenigen anderer Personen zurück.	1	2	3	4	5
31	Ich bin anderen gegenüber oft hart, um von ihnen nicht verletzt zu werden.	1	2	3	4	5
32	Ich trommle oft ungeduldig mit den Fingern auf den Tisch.	1	2	3	4	5
33	Beim Erklären von Sachverhalten verwende ich gerne eine klare Aufzählung.	1	2	3	4	5
34	Ich glaube, dass die meisten Dinge nicht so einfach sind, wie viele meinen.	1	2	3	4	5
35	Es ist mir unangenehm, andere Leute zu kritisieren.	1	2	3	4	5
36	Bei Diskussionen nicke ich häufig mit dem Kopf.	1	2	3	4	5
37	Ich strenge mich an, meine Ziele zu erreichen.	1	2	3	4	5
38	Mein Gesichtsausdruck ist eher ernst.	1	2	3	4	5
39	Ich bin nervös.	1	2	3	4	5
40	So schnell kann mich nichts erschüttern.	1	2	3	4	5
41	Meine Probleme gehen die anderen nichts an.	1	2	3	4	5
42	Ich sage oft: „Macht mal vorwärts“.	1	2	3	4	5
43	Ich sage oft: „genau“, „exakt“, „klar“, „logisch“.	1	2	3	4	5
44	Ich sage oft: „Das verstehe ich nicht“.	1	2	3	4	5
45	Ich sage eher: „Können Sie es nicht einmal versuchen“ als „Versuchen Sie es einmal“.	1	2	3	4	5
46	Ich bin diplomatisch.	1	2	3	4	5
47	Ich versuche, die an mich gestellten Erwartungen zu übertreffen.	1	2	3	4	5
48	Beim Telefonieren bearbeite ich oft noch etwas anderes.	1	2	3	4	5
49	„Die Zähne zusammenbeißen“ heißt die Devise.	1	2	3	4	5
50	Trotz enormer Anstrengung will mir vieles einfach nicht gelingen.	1	2	3	4	5

Auswertung auf der nächsten Seite.

Tragen Sie jetzt bitte die Punktzahl jeder Frage in diese Tabelle ein. Bilden Sie anschließend die Summe.

Sei perfekt!		Beeil dich!		Streng dich an!		Sei gefällig!		Sei stark!	
1		3		5		2		4	
8		12		6		7		9	
11		14		10		15		16	
13		19		18		17		20	
23		21		25		28		22	
24		27		29		30		26	
33		32		34		35		31	
38		39		37		36		40	
43		42		44		45		41	
47		48		50		46		49	
Summe		**Summe**		**Summe**		**Summe**		**Summe**	

Bevor Sie nun das Endergebnis ermitteln, wäre es spannend, kurz innezuhalten und nachzudenken.

Die folgenden drei Fragen sollen Sie dabei leiten:

1. Erlebe ich meinen Antreiber in meinem beruflichen und/oder privaten Leben eher förderlich oder hinderlich?
2. Wann und wo spüre ich, dass mich mein Antreiber in meinem Leben eher beeinträchtigt?
3. Gibt es gar Momente in meinem Leben, in denen mein Antreiber womöglich meine Gesundheit gefährdet?

Nachdem Sie über diese drei Fragen nachgedacht haben, können Sie jetzt das Ergebnis Ihres Selbsttests ansehen.

Tragen Sie die erreichte Punktzahl in das nachfolgende Diagramm ein:

Erreichte Punktzahl	**0–15**	**16–19**	**20–25**	**26–29**	**30–35**	**36–39**	**46–45**	**46–50**
Sei perfekt!	0–15	16–19	20–25	26–29	30–35	36–39	40–45	46–50
Beeil dich!	0–15	16–19	20–25	26–29	30–35	36–39	40–45	46–50
Streng dich an!	0–15	16–19	20–25	26–29	30–35	36–39	40–45	46–50
Sei gefällig!	0–15	16–19	20–25	26–29	30–35	36–39	40–45	46–50
Sei stark!	0–15	16–19	20–25	26–29	30–35	36–39	40–45	46–50
	Wahrscheinlich förderlich				**Möglicherweise beeinträchtigend**		**Möglicherweise gesundheitsgefährdend**	

Auswertung

- Bis zu 29 Punkte ist der Antreiber wahrscheinlich eher förderlich für Ihr Leben.
- Ab 30 bis 39 Punkte beeinträchtigt der Antreiber wahrscheinlich Ihr Leben.
- Ab 40 Punkten gefährdet der Antreiber womöglich Ihre Gesundheit.

Ergänzende Reflexionsfragen

Waren Sie wirklich ehrlich zu sich beim Ausfüllen des Fragebogens?

Ja ☐

Nein ☐

Wenn ja, gehen Sie bitte weiter im Fragebogen. Wenn nicht, machen Sie den Test gern noch einmal.

Wie fühlen Sie sich jetzt, nachdem Sie Ihr Ergebnis vor sich sehen?

Welche Schlüsse ziehen Sie für sich aus dem Ergebnis?

Spüren Sie eine körperliche Reaktion in Bezug auf einen Ihrer Antreiber? Oder springt Ihnen einer immer wieder ins Auge? Wenn ja, welcher?

Sei perfekt! ☐

Beeil dich! ☐

Streng dich an! ☐

Sei gefällig! ☐

Sei stark! ☐

Wenn innere Antreiber zu negativen Überzeugungen wurden, rauben Sie uns Energie und verursachen Stress. Eine Umdeutung der Antreiber in Erlauber kann dann sehr hilfreich sein.

Ich bedanke mich bei Stefan Raebricht, dass ich den Antreibertest von seiner Webseite entnehmen durfte. Steffen Raebricht ist Bildungs- und Erziehungswissenschafter (M.A.) sowie Trainer für Transaktionsanalyse. Er hat den Online-Kurs „Innere Antreiber“ entwickelt, der helfen kann, die inneren Antreiber auf ein förderliches Maß zu reduzieren.

Wenn Sie Interesse daran haben, finden Sie den Online-Kurs auf folgender Seite: https://www.transaktionsanalyse-online.de/innere-antreiber-kurs/

Und zu guter Letzt möchte ich Ihnen noch die Seite der Resilienz-Akademie empfehlen: https://www.resilienz-akademie.com/innere-antreiber/

Auch dort finden Sie umfangreiche Informationen zu den inneren Antreibern. Zudem ist das Thema „Resilienz" gerade auch für Führungskräfte sehr wichtig und zukunftsrelevant, sodass Sie dort noch viele weitere Impulse für Ihre Arbeit und auch höchstpersönlich finden können.

Viel Freude und gute Aha-Erlebnisse!

Quelle: AdobeStock 283504413

Quellen und Literatur

Quellennachweise

Amann, Ella G./Egger, Anna: Micro-Impuls Resilienz. managerSeminare, Training aktuell, 2017, S. 168–171, 172–175.

Breyer-Mayländer, Thomas (2015): Führung braucht Klarheit. München: Hanser, S. 87.

Camehl, Friedrich (2021): Gärtnern leicht gemacht. Garten Flora Sonderausgabe, Heft Oktober 2021, Berlin: Deutscher Bauernverlag, S. 46.

Carton, Andrew M. (University of Pennsylvania)/Murphy, Chad (Oregon State University)/Clark, Jonathan R. (Pennsylvania State University) (2014): A (blurry) vision of the future: How leader rhetoric about ultimate goals influences performance [Abstract].

Duden: https://www.duden.de/rechtschreibung/Kindergarten (letzter Aufruf: 27.12.2021).

Gragert, Nicola (2021): Change-Beraterin, https://zielklar.com/erfolgreiche-teamarbeit-in-der-digitalen-zeit/ (letzter Aufruf: 29.12.2021).

Grün, Anselm (2012): Mitschrift bei einem Vortrag.

Haug von, Christoph (2016): Erfolgreich im Team. Praxisnahe Anregungen für effizientes Teamcoaching und Projektarbeit. München: Beck-Wirtschaftsberater im dtv, 5. Auflage.

Höltershinken, Dieter (2021): Fröbel-Pädagogik. https://www.nifbe.de/component/themensammlung?view=item&id=202:froebelpaedagogik&catid=37:paedagogik (letzter Aufruf: 27.12.2021).

Hönfeld, G./Döllä-Höhnfeld, K. (2021): Zwölf Wege zur Hoffnung, managerSeminare, Heft 281, August 2021, S. 78.

Kahn, William A. (1990): Psychological Conditions of Personal Engagement and Disengagement at Work. The Academy of Management Journal 1990, 33 (4), S. 692–724.

Katzenbach, Jon/Smith, Douglas (2009): Teams. Der Schlüssel zur Hochleistungsorganisation. Redline, S. 70.

Keller, H. (2011): Kinderalltag. Kulturen der Kindheit und ihre Bedeutung für Bindung, Bildung und Erziehung. Berlin/Heidelberg: Springer.

Kirchner, Baldur (2014): Zentrierte Persönlichkeit; auf: www.kirchner-seminare.de.

Lencioni, P. (2014): Die 5 Dysfunktionen eines Teams. Weinheim: Wiley-Vch.

Lindemann, H./Günster-Schöning, U./Lahrkamp, P./Siller, N. (2021): Systemisch-lösungsorientierte Gesprächsführung und Beratung in Kindertageseinrichtungen. Ein Lehr-, Lern- und Arbeitsbuch. Göttingen: Vandenhoeck & Ruprecht, S. 23, 32–33, 39, 130–132, 147.

Litzau, Monica (2021): Gärtnern leicht gemacht. Garten Flora Sonderausgabe, Heft Oktober 2021, Berlin: Deutscher Bauernverlag, S. 44–48.

Mauritz, Sebastian: https://www.resilienz-akademie.com/innere-antreiber/ (letzter Aufruf: 19.01.2022).

Nöllke, Matthias (2019): Den Boss zum Gärtner machen. managerSeminare, Heft 257, August 2019, S. 24–28.

Ott B./Käsgen, R./Ott-Hackmann, H./Hinrichsen, S. (2007): Die systemische Kita. Das Konzept und seine Umsetzung. Berlin: Verlag das Netz, S. 55.

Raitner M. (2022): https://www.changement-magazin.de/tag/ausgabe-02-2020/ (letzter Aufruf: 17.01.2022).

Sommer, D./Kuhn, D./Milletat, A./Blaschka, A./Redetzky, C. (2014): Resilienz am Arbeitsplatz. Frankfurt am Main: Mause-Verlag.

Schiepek, G. (2010). Systemische Forschung – eine Positionsbestimmung. Familiendynamik, S. 44.

Schneidewind U. (2018): Die Große Transformation: Eine Einführung in die Kunst gesellschaftlichen Wandels. Fischer Taschenbuch, S. 9.

Schütt Ina (2018): Mit Freude und Erfolg eine Kita leiten. Kindergarten heute. Freiburg i. Br.: Herder, S. 14.

Spiegel online (2021): Bericht vom 28.12.2021, https://www.spiegel.de/wirtschaft/soziales/staedtetag-warnt-deutschland-fehlen-hunderttausende-erzieher-und-pfleger-a-b10d0704-85da-4e73-96cd-740eb89bdf97 (letzter Aufruf: 16.01.2022).

Stangl, W. (2021): Fehlerorientierung zerstört Motivation – Pädagogik-News. Werner Stangls Pädagogik News. https://paedagogik-news.stangl.eu/fehlerorientierung-zerstoert-motivation (letzter Aufruf: 28.12.2021).

Textor, Martin R. (2021): Den Begriff „Kindergarten“ beibehalten – ein Plädoyer. https://www.kindergartenpaedagogik.de/fachartikel/kita-politik/bildungspolitik/1666 (letzter Aufruf: 27.12.2021).

Tuckman, Bruce W. (1965): Developmental sequence in small groups, Psychological Bulletin 63, (1965), S. 390–399.

Links

https://www.marktforschung.de/aktuelles/marktforschung/gaertner-typologie-von-entspannt-bis-perfektionistisch/ (letzter Aufruf: 17.01.2022).

https://www.nabu.de/umwelt-und-ressourcen/oekologisch-leben/balkon-und-garten/grundlagen/20572.html (letzter Aufruf: 17.01.2022).

https://karrierebibel.de/selbstwirksamkeit/ (letzter Aufruf: 29.12.2021).

https://www.spektrum.de/lexikon/psychologie/selbstwirksamkeitserwartung/14011 (letzter Aufruf: 29.12.2021).

https://www.zitante.de/kommentare/jochen-mariss-spruch-des-tages-zum-07-04-2019....12730/ (letzter Aufruf: 11.01.2022).

https://www.resilienz-akademie.com/innere-antreiber/ (letzter Aufruf: 19.01.2022).

https://www.potenzialentfaltung.org/news/ (letzter Aufruf: 04.04.2022).

https://www.stanze-gartencenter.de/auf-gute-nachbarschaft-im-gemuesebeet (letzter Aufruf: 29.12.2022).

https://www.researchgate.net/profile/Christian-Harteis/publication/258447268_Fehlerorientierung_im_betrieblichen_Arbeitsalltag_Ein_Vergleich_zwischen_Fuhrungskraften_und_Beschaftigten_ohne_Fuhrungsfunktion/links/57fb31fa08ae886b89863069/Fehlerorientierung-im-betrieblichen-Arbeitsalltag-Ein-Vergleich-zwischen-Fuehrungskraeften-und-Beschaeftigten-ohne-Fuehrungsfunktion.pdf (letzter Aufruf: 29.12.2022).

https://www.himmlische-saaten.de/unser-alter-garten/(letzter Aufruf: 29.12.2022).

Verwendete Literatur/Literatur zum Weiterlesen

Amann, E. G./Egger A. (2017): Micro-Inputs Resilienz. Lebendige Modelle, Interventionen und Visualisierungshilfen für das Resilienz-Coaching und -training. managerSeminare Verlags GmbH.

Bandura, A. (1997): Self-efficacy: The exercise of control. New York: Freeman.

Bamberger, G. G. (2010): Lösungsorientierte Beratung. Praxishandbuch. 4., vollst. überarb. u. erw. Auflage, Weinheim und Basel: Beltz.

Becker-Stoll, F./Nagel, B. (Hrsg.) (2009): Bildung und Erziehung in Deutschland. Pädagogik für Kinder von 0–10 Jahren. Düsseldorf: Cornelsen Sciptor.

Breyer-Mayländer, T. (2015): Führung braucht Klarheit. München: Hanser.

Dieckbreder, F./Koschmider, S. M./Sauer, M. (Hrsg.) (2014): Haltungen, Methoden, Perspektiven. Göttingen: Vandenhoeck & Ruprecht.

Diekhof, M. (2018): Kita Kitopia, Eine spannende Reise ins Land der spannenden Pädagogik für Pädagoginnen und Eltern. 3. Auflage. Dortmund: Verlag modernes Lernen Borgmann.

Doppler, K./Furmann, H./Lebbe-Waschke, B./Voigt, B. (2002): Unternehmenswandel gegen Widerstände. Change Management mit den Menschen. Frankfurt a. M./New York.

Fialka, V. (2013): management kompakt: Moderation für die Teamarbeit. Sonderheft von „kindergarten heute". Freiburg i. Br.: Herder.

Fialka, V. (2011): management kompakt: Wie Sie mit Veränderungen umgehen und sie mit dem Team gestalten – Change-Management. Sonderheft von „kindergarten heute". Freiburg i. Br.: Herder.

Fialka, V. (2010): management kompakt: Wie Sie mit Konflikten souverän umgehen – Konfliktmanagment. Sonderheft von „kindergarten heute". Freiburg i. Br.: Herder.

Francis, D./Young, D. (2007): Mehr Erfolg im Team. Hamburg: Windmühle.

Groth, A. (2016): Stärkenorientiertes Führen. 7. Auflage. Offenbach: Gabal.

Groth, A. (2013): Führungsstrak im Wandel, Change Leadership für das mittlere Management. 2., überarbeitete Auflage. Frankfurt a. M.: Campus.

FlØgstad, T. R./Helle, G. (2016): Ich leite eine Kita. Fachwissen, Werte und Erfolgsgeschichten. Berlin: Bananenblau.

Gliesche, C. (2017). Leitungsmanagement von A bis Z. Ein Leitfaden für die Kita aus der Praxis für die Praxis. Berlin: Verlag das Netz.

Gray, D./Brown, S./Macanufo, J. (2011): Gamestorming. Ein Praxisbuch für Querdenker, Moderatoren und Innovatoren. Köln: O'Reilly.

Günster-Schöning, U. (2018): Ich bin Erzieher*in!: Superkräfte versus berufliche Realität. 2., überarb. Auflage. Göttingen: Vandenhoeck & Ruprecht.

Günster-Schöning, U. (2015): Management kompakt: Teamsitzungen vorbereiten und moderieren. Sonderheft von „kindergarten heute". Freiburg i. Br.: Herder.

Günster-Schöning, U. (2016): Leitungsratgeber, Kita-Leitung leicht gemacht, MANAGEMENTWISSEN PRAXISNAH & KOMPAKT November 2016, Wolters Kluwer.

Günster-Schöning, U. (2018): Zündende Ideen für erfolgreiche Moderationen. Göttingen: Vandenhoeck & Ruprecht.

Huth, A. (2006): Gesprächskultur im Team. klein&groß-PraxisExpress, Weinheim und Basel: Beltz.

Haug von, Christoph (2016) Erfolgreich im Team. Praxisnahe Anregungen für effizientes Teamcoaching und Projektarbeit. 5. Auflage. Beck-Wirtschaftsberater im dtv.

Kamiske, G. F. (Hrsg.), Kostka, C. (2009): Chance Management. 7 Methoden für die Gestaltung von Veränderungsprozessen. 4. Auflage. München: Carl Hanser.

Karch, P. (2018). Was mich ärgert, entscheide ich! Konflikte klug bewältigen. Göttingen: BuisinessVillage GmbH.

Keller, H. (2011): Kinderalltag. Kulturen der Kindheit und ihre Bedeutung für Bindung, Bildung und Erziehung. Berlin/Heidelberg: Springer.

Lill, G. (2003): Führen und Leiten – wie Kindergärten TOP werden. Weinheim und Basel: Beltz.

Lill, G. (Hrsg.) (2002): Von Abenteuer bis Zukunftsversionen. Qualitätslexikon für Kindergartenprofis. 2. Auflage. Weinheim und Basel: Beltz.

Lippold, D. (2019): Führungskultur im Wandel: Klassische und moderne Führungsansätze im Zeitalter der Digitalisierung. Springer.

Lindemann, H. (2003): Perspektiven erweitern: Von der Ursachensuche zu systemischem Denken. In: Balgo, R./Werning, R. (Hrsg.): Lernen und Lernprobleme im systemischen Diskurs. Dortmund: Borgmann.

Lindemann, H./Günster-Schöning, U./Lahrkamp, P./Siller, N. (2021): Systemisch-lösungsorientierte Gesprächsführung und Beratung in Kindertageseinrichtungen. Ein Lehr-, Lern- und Arbeitsbuch. Göttingen: Vandenhoeck & Ruprecht.

Lucenz, M./Bender, K. (2018): Ein Garten ist niemals fertig. Ideen und Erfahrungen aus einem immerblühenden Garten. Bassermann.

Meier, D. (2004): Wege zur erfolgreichen Teamentwicklung. Ein Werkstattbuch für die Praxis. Norderstedt: Books on Demand.

Müller, Günter F. (2009): Braun Walter Praxisfeld Selbstführung, Der Werk- und Denkzeugkasten für den Einsatz persönlicher Ressourcen. Hans Huber.

Münnich, S. (2013): 55 Fragen und Antworten. Teamarbeit in der Kita. Berlin: Cornelsen.

Ott, B./Käsgen, R./Ott-Hackmann, H./Hinrichsen, S. (2007): Die systemische Kita. Das Konzept und seine Umsetzung. Berlin: Verlag das Netz.

Pesch, L./Sommerfeld, V. (2000): Team-Entwicklung. Wie Kindergärten TOP werden. Neuwied: Luchterhand.

Pühl, H. (2013): Konfliktklärung in Teams und Organisationen. Berlin: Ulrich Leutner.

Simon, H./Nickig, M./Becker, J. (2016): Das große GU Gartenbuch: Das Standardwerk für jeden Gartenliebhaber. München: Gräfe und Unzer.

Schlippe, A. von/Schweitzer, J. (2012): Lehrbuch der systemischen Therapie und Beratung I. Das Grundlagenwissen. Göttingen: Vandenhoeck & Ruprecht.

Schulz von Thun, F. (1981): Miteinander reden 1. Störungen und Klärungen. Allgemeine Psychologie der Kommunikation. Reinbek: Rowohlt.

Schütt, I. (2018): Leiten kompakt: Mit Freude und Erfolg eine Kita leiten. Sonderheft von „kindergarten heute“. Freiburg i. Br.: Herder.

Schwarzer, R. (2000): Streß. Angst und Handlungsregulation. 4. Auflage. Stuttgart: Kohlhammer.

Schwing, R./Fryszer, A. (2006): Systemisches Handwerk. Werkzeug für die Praxis. Göttingen: Vandenhoeck & Ruprecht.

Stadler, M./Kruse, P. (1992): Konstruktivismus und Selbstorganisation: Methodologische Überlegungen zur Heuristik psychologischer Experimente. In: Schmidt, S. J. (Hrsg.): Kognition und Gesellschaft. Der Diskurs des Radikalen Konstruktivismus. 2. Auflage. Frankfurt a. M.: Suhrkamp.

Stolzenberg, H. (2013): Chance Management. Veränderungsprozesse erfolgreich gestalten – Mitarbeiter mobilisieren. Vision, Kommunikation, Beteiligung, Qualifizierung. 3., überarbeitete Auflage. Berlin/Heidelberg: Springer.

Träger, T. (2018): Personalmanagement – Grundlagen und Instrumente. München: Vahlen.

Whitmore, J. (1997): Coaching für die Praxis. München/Frankfurt a. M.: Heyne/Campus.

Zeitschriften

Mein schöner Garten, Heft Oktober 2021, Offenburg: Burder Senator.

Gärtnern leicht gemacht. Garten Flora Sonderausgabe, Heft Oktober 2021, Berlin: Deutscher Bauernverlag.

GartenFlora: gärtnern, erleben und genießen. Heft Oktober 2021, Berlin: Deutscher Bauernverlag.

Die Autorin

Ursula Günster-Schöning
Jahrgang 1966

- staatlich anerkannte Sozialfachwirtin und staatlich anerkannte Erzieherin
- zertifizierte Organisationsentwicklerin und Changemanagement-Beraterin, Triangel Berlin
- systemischer Coach (DGSF) und Senior Coach (QRC)
- systemische Beraterin und Prozessbegleiterin
- akkreditierte EOL-Trainerin (Erlebnis-Orientiertes-Lernen), Metalog academy
- seit 2000 freiberufliche Tätigkeit als Fortbildnerin, Coach und systemische Organisationsberaterin mit dem Schwerpunkt „Qualitätsentwicklung"
- seit 2006 Inhaberin des Weiterbildungsinstituts ERFOR
- Projektleitung und Prozessbegleitung verschiedener Netzwerke und für die Deutsche Kinder- und Jugendstiftung
- seit 2007 selbstständig tätig als systemischer Coach in eigener Praxis, Schwerpunkt: Führungskräftecoaching
- langjährige Erfahrung als Führungskraft und Einrichtungsleitung verschiedener Kindertagesstätten
- zahlreiche Veröffentlichungen im Bereich der frühkindlichen Bildung

E-Mail: info@ursula-schoening.de
Webseite: www.ursula-schoening.de